SMART

スマート介護士資格

公式テキスト

監修：サンタフェ総合研究所

実業之日本社

はじめに

　近年、介護現場において、ロボット・センサー、タブレットやスマートフォンなどの端末やICTの導入が進んでおります。他の業界に比べると介護現場でのテクノロジー活用は遅れているという見方をされることもありますが、厚生労働省による科学的介護情報システム（LIFE）のスタートなど昨今の法改正をみると、介護業界全体として今まさに加速度的なスピードで、テクノロジー活用が進み始めていると感じることが多くなりました。

　スマート介護士資格については、元々、社会福祉法人善光会が介護現場で長年取り組んできた介護支援の質向上のためのテクノロジー活用に関する知見を、広く介護に携わる皆様にお役立ていただければとの思いで始めました。取り組みを始めた2009年当時、介護は人の手によって提供するものであり、テクノロジーで生産性向上をはかることは考えるべきではないという考え方が一般的であったように思えます。介護職員に張り付き、どういった業務をどれぐらいの時間をかけて行っているのかというタイムスタディ調査や業務分析をはじめ、介護職員一人一人が日々どういった想いを持ち業務に取り組んでいるのかといった対話も進めました。介護現場の組織改革や、テクノロジーの活用を前提にしたオペレーションへの変革も繰り返しました。本来求められる介護とは何であるか、人間の手だからこそできる温かみのあるサービスとは何であるか、そのためにどうやってテクノロジーを活用し、何が効率化できるのかといったことを考え、挑戦を重ねてまいりました。

　こうして、長年取り組んできた中、ある程度介護現場でもテクノロジーを活用する方向性が見えてまいりました。あくまでも一例ですが、見守りなどの間接的な介護業務は、センサーを活用することで、介護職員の対応に合わせて、利用者への支援に有用な情報が得られることや、記録や申し送り・伝達などの情報連携に関する時間をICTで大幅に削減できることもわかりました。テクノロジーに苦手意識を持つ介護職員もいる中、組織としてどのように導入を進めるべきかといった手順も明確になってきたといえます。このように、まさにこれから介護現場へテクノロジーを導入しようと思われる方に向けて、長年私たちが時間をかけて取り組んできた中で、特に重要なポイントをお伝えすることが、少しでも早く、負担ない導入につながればと考えております。

　今後、高齢者人口の増加や生産年齢人口の減少が進む中、介護の人手不足がより一層進んでいくことが予測されています。そうした危機的な状況を乗り越えるため、テクノロジーの活用は1つの活路になるのではないでしょうか。限られた資源の中、より質の高いサービスを提供するためには、時代の流れの変化のなかで、在り方を柔軟に変化させていくことが求められます。介護事業者は自ら時代の変化に合わせて柔軟に対策を講じることが重要だと考えています。このテキストが少しでもこれからの介護業界を支える皆様の一助になれば幸いです。

社会福祉法人善光会　理事　最高執行責任者
宮本 隆史

CONTENTS

スマート介護士　資格について

スマート介護士とは

　高齢化の急激な進展に伴い、社会保障や介護サービス提供の持続可能性に危機が迫っています。そんな中、ケアテックと呼ばれるデジタル技術に注目が集まっています。

　増え続ける要介護（要支援）者、不足する介護職員、さらに増大する財政負担といういくつもの課題が突き付けられるなか、将来にわたり、質の高く、効率的な介護を提供し続けていくことも、また求められています。今こそ、介護業務の改革が必要なのです。

　改革には、ケアテックを組み込んだサービス提供体制を創造、設計、導入し、さらに継続的に改善するための能力や、データを利活用した科学的な介護に関する知見が、今後必須といえます。

　このようなデジタル技術に関する専門性と、介護の質の向上と効率化を成し遂げる実現力を兼ね備える介護職員が「スマート介護士」です。社会福祉法人善光会は、その培ってきた介護オペレーションのノウハウを、この「スマート介護士」試験を通じて広く提供することにより、介護業界の変革に貢献していきます。

スマート介護士の到達目標

⬤ これからの日本の社会福祉を担う使命感とそれに基づく持続可能な介護サービス提供モデルの必要性を理解する
⬤ 要介護者の生活機能の把握とあるべき支援を企画する
⬤ 効率的なオペレーションシステムを構築し、継続的に改善する
⬤ 同僚職員などの関係者を指導する
⬤ ケアテックの特性を把握する

スマート介護士資格の対象者

⬤ 介護施設の管理者
　（施設長、介護主任、ユニットリーダーなど）
⬤ 施設介護、訪問介護に従事される方
⬤ 福祉用具の開発/販売に携わる方
⬤ ケアテックの開発/販売に携わる方
⬤ 学生

スマート介護士資格試験　実施概要

受験資格

　前提条件（本資格を受験する上で保持が必要な資格等）は特になし。介護の現場にて、業務改善の意識が高い方。ケアテックなどの導入・運用・オペレーションに関する関心の高い方など。

資格試験の実施級

Basic（ベーシック）

　介護に関する基礎的な知識、およびケアテックに対する基礎的な知識を身につけたい方など。公式テキストで学習すれば、合格可能です。

Expert（エキスパート）

　上記の知識を介護の現場で実際に生かしていきたい方、導入やオペレーションに関係する実務に携わる方など。公式テキストの細部まで読み込んで学習すれば、合格可能です。

出題範囲

　本書『スマート介護士資格 公式テキスト』を中心に出題。

出題形式

　両級とも選択式を中心とした出題。

合格基準

　両級とも正答率 70 パーセント以上。

スマート介護士概論

CHAPTER
1

1 介護を取り巻く現状と課題

私たちと介護

今日の私たちにとって、介護サービスはなくてはならない存在といっても過言ではないでしょう。高齢化によって介護を必要とする人口が増える中、介護現場では限られた担い手で介護を支えていかなければなりません。そのためには最新のテクノロジーやデータを活用した、高品質で効率的な介護の提供が求められます。

そうしたこれからの介護を担っていくために必要な知識を習得し、柔軟かつ創造的にこれからの介護を支えていくことこそが、スマート介護士が目指す方向性です。今後どのような介護が求められていくのかを考えるためにも、介護の現状について考えてみましょう。

介護保険制度の
創設と仕組み

高齢者の介護サービスの基盤となっているのが、介護保険制度です。

要介護高齢者の増加や、社会構造の変化に伴う核家族化、介護する側の家族の高齢化などが問題となる中、従来の老人福祉・医療制度に代わり新たに高齢者の介護を社会全体で支え合う仕組みとして、介護保険法という法律が制定され、今日では大きな役割を果たしています。

■ 介護保険制度の誕生

介護保険制度が制定される以前においては、1963年に制定された老人福祉法が日本の介護を支える法律でした。当時の日本は高度経済成長期の最中で、著しく経済が成長する中、地方から都市部への人口移動などが進みました。その一方、夫婦および子どものみで生活する核家族化が進み、家族だけで高齢者の介護をすることが難しく、社会問題化した経緯がありました。こうした背景により、老人福祉法制度下においても、特別養護老人ホームなどの施設の創設や、訪問介護の法制化が進みました。

当時の日本は、高齢化率5.7%（1960年）と、若い世代の人口が多いピラミッド型の人口動態構造にあり、その後も1970年代には第二次ベビーブームを迎え、若い世代が依然多い社会でした。しかしながら1980年代後半にさしかかり、平均余命の伸長もあいまって、今後高齢化社会となることが予測され、それに備えることが必要となりました。

そうした中で、抜本的な社会保障改革の実行の必要性から、1989年には消費税（3%）の創設や、ゴールドプラン（高齢者保健福祉推進10か年戦略）に基づく、特別養護老人ホームや、在宅サービスの整備が進められました。さらに1990年には老人福祉法をはじめとした福祉8法を改正し、福祉サービスの市町村への一元化や、老人保健福祉計画の策定が制度化されました。実際に高齢化率は、1980年代に2桁を超える状況となり、1994年には当時の厚生労働省に高齢者介護対策本部が設置され、介護保険制度の検討が進められました。また当初の予想よりも急速に高齢化が進んでいることを踏まえ1994年には全面的に改訂された新ゴールドプラン

（新・高齢者保健福祉推進10か年戦略）が策定され、介護保険制定に備えたサービスの整備が図られました。こうした流れの中で、高齢者の介護を社会全体で支え合う仕組みとして1997年に介護保険法が制定され、2000年に施行されることとなったのです。

参考：日本の介護保険制度について（厚生労働省）
https://www.mhlw.go.jp/english/policy/care-welfare/care-welfare-elderly/dl/ltcisj_j.pdf

■ 介護保険法の基本的な考え方

では、次に介護保険法がどのような理念に基づいた制度になっているか考えてみたいと思います。介護保険法では第1条に、その目的として以下のように記されています。

> 第一条（目的）　この法律は、加齢に伴って生ずる心身の変化に起因する疾病等により要介護状態となり、入浴、排せつ、食事等の介護、機能訓練並びに看護及び療養上の管理その他の医療を要する者等について、これらの者が尊厳を保持し、その有する能力に応じ自立した日常生活を営むことができるよう、必要な保健医療サービス及び福祉サービスに係る給付を行うため、国民の共同連帯の理念に基づき介護保険制度を設け、その行う保険給付等に関して必要な事項を定め、もって国民の保健医療の向上及び福祉の増進を図ることを目的とする。

上記のように、社会全体で支え合うことを理念として、必要な保健医療サービスおよび福祉サービスにかかる給付を行うことや、国民の保健医療の向上および福祉の増進を図ることを目的とすることを明確に記載しております。

この中で特におさえておきたいポイントは、①尊厳②自立支援の2つです。

「尊厳」とは、日本国憲法第13条でも定めている通り、個人の人間として尊ばれるべき、侵してはならない自由・平等・権利、という意味で、「人権」ともいわれます。介護保険法では、明確に尊厳の保持を定めており、被介護者であっても、基本的な人権を保障され、個人として尊重され、多様な存在として認められるべきことを記載しています。これは、高齢者に対する虐待や権利侵害の排除に限らず、人間として最期まで自由に、人としての平等な権利を保持し、その人らしい生活を送ることを尊重するといった介護が目指す理念です。

また、同様に重要となる考え方が、「自立支援」です。介護保険法第1条に記載されている通り、「その有する能力に応じ自立した日常生活を営む」ことを支援することが介護保険の目指す方向です。介護者が行いたい支援ではなく、あくまでも利用者自身が主体となって、その人の有する能力によって自らの生活を自ら行おうとすることを支えていくという考え方が基本となっています。

■ 利用者本位としての介護保険制度

また、介護保険法は従来の制度に比べ利用者本位のサービスが総合的に受けられるようになっていることも特徴です。

現在の介護保険制度制定前の制度においては、利用者本位のサービスが必ずしも提供されておらず、利用者のニーズに応えきれているとはいえませんでした。戦後の介護を含めた福祉サービスは、行政が給付決定から提供まで広範囲にわたってコントロールする仕組みである措置制度（行政が、サービスの利用にあたって、サービスの実施の要否、サービスの内容、提供主体等を決定して、行政処分という形で要援護者にサービスを提供し、サービス提供者には、行政がその費用を公費で支払う仕組み）の下で、長い間提供されてきたことも一因です。

参考：東京都福祉サービス提供主体経営改革に関する提言委員会
　　　最終提言より
https://www.fukushihoken.metro.tokyo.lg.jp/kiban/shisaku/saishu/index.htm

これに対して介護保険制度では、利用者が介護サービスを自ら選択することができ、サービス提供者と利用契約を結ぶことでサービスが利用できる、利用者本位の制度設計となっています。

また提供主体は行政や社会福祉法人に限らず、サービスによっては民間の株式会社も提供できるようになりました。民間の市場原理を働かせて、各サービス同士が競争することで、介護サービス全体としてサービスの質が高まり、良いサービスを行う事業者に効率的に資金配分がされ、介護保険が効率的に運営されることを目指しています。

■ 介護保険制度の仕組み

我が国の介護保険制度は介護保険法にて定められており、一定以上の年齢に達した場合にはすべての人が加入し被保険者となります。被保険者は、65歳以上の第1号被保険者と、40歳から64歳までの第2号被保険者に区分されています。

介護保険の保険者は、市町村および特別区（東京23区）です。保険者は、被保険者から保険料を徴収し、介護保険を運営しています。財源は、保険料と公費です。

被保険者は、介護サービス利用の際に、所得に応じた1割から3割の利用料を支払います。介護サービスを運営する事業者側は、利用者が支払った一定の割合の金額以外の残りを、保険者（実際には保険者から運営を委託されている各自治体の国民健康保険団体連合会）に請求します。

介護保険サービスを利用するためには、市町村および特別区（東京23区）へ要介護認定の申請をすることが必要です。その後、認定のための調査を行い、「要支援」または「要介護」の認定を受けます。「要支援」は1・2、「要介護」は1〜5までの7段階の区分があります。認定された区分に基づいて居宅介護支援専門員（ケアマネジャー）にケアプランを作成してもらうことで、

介護サービスの利用が可能となります。

■ 保険給付について

介護保険給付には「介護給付」「予防給付」「市町村特別給付」の3種類があります。それぞれのサービスの種類を見ていきましょう。まずは介護サービスの分類からです。

❶介護給付

要介護認定を受けた被保険者に対する給付です。大きく分けて、都道府県などが事業者の指定・監督を行う居宅サービス、施設サービスと、市町村が事業者の指定・監督を行う地域密着型サービス、居宅介護支援があります。

❷予防給付

要支援認定を受けた被保険者に対して予防を目的に給付されます。都道府県などが事業者の指定・監督を行う介護予防サービスと、市町村が事業者の指定・監督を行う地域密着型介護予防サービス、介護予防支援があります。

❸市町村特別給付

保険者である各市町村が独自に行う給付です。各市町村で様々なプランを提供しています。

図：介護保険制度の仕組み

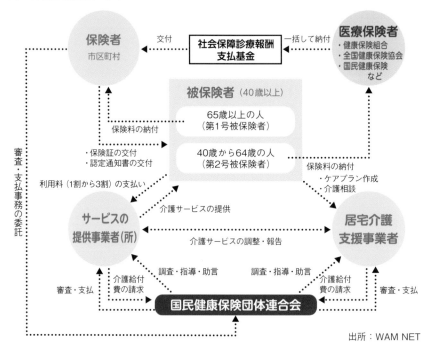

出所：WAM NET

表：介護給付におけるサービス

都道府県が指定・監督を行うサービス		市町村が指定・監督を行うサービス
居宅サービス		**地域密着型サービス**

訪問サービス	通所サービス	地域密着型サービス
●訪問介護(ホームヘルプサービス) ●訪問入浴介護 ●訪問看護 ●訪問リハビリテーション ●居宅療養管理指導	●通所介護(デイサービス) ●通所リハビリテーション 　(デイケア)	2005年の介護保険法改正によって創設。 地域の実情に合わせてサービスを提供できるように、市町村や特別区(東京23区)が指定・監督を行う。 ●定期巡回・随時対応型訪問介護看護 ●夜間対応型訪問介護 ●地域密着型通所介護 ●認知症対応型通所介護 ●小規模多機能型居宅介護 ●看護小規模多機能型居宅介護 ●認知症対応型共同生活介護(グループホーム) ●地域密着型特定施設入居者生活介護 ●地域密着型介護老人福祉施設入所者生活介護

福祉用具サービス	短期入所サービス
●福祉用具貸与 　(車いすや特殊寝台、移動用リフトなど貸与になじむ13種目) ●特定福祉用具販売 　(腰掛便座、入浴補助用具など、排泄や入浴に用いるため貸与には向かない6種目)	●短期入所生活介護 　(ショートステイ) ●短期入所療養介護 　(医療型ショートステイ)

	居住系サービス
	●特定施設入居者生活介護 　(介護付きホーム等)

施設サービス	**居宅介護支援** (いわゆるケアマネジメント)
●介護老人福祉施設(特別養護老人ホーム) ●介護老人保健施設(老健施設) ●介護医療院 ●介護療養型医療施設(2023年度末廃止予定)	

その他	**住宅改修サービス** 手すりをつける、床の段差をなくすなど、介護に必要な工事を行う前に、市町村や特別区(東京23区)に申請することによって保険給付が受けられる。 年間の給付上限は原則14〜18万円(支給限度基準額20万円の7〜9割)。

■ 施設介護と居宅介護におけるケアマネジメントの流れ

　ケアマネジメントとは、介護保険で「居宅介護支援」と規定され、介護を必要とする人の生活全体を支援するために、様々なサービスを最適に組み合わせて提供することをいいます。

　まずは、ケアマネジメントの一連の流れをおさえていきましょう(次ページ図参照)。

　一連の流れに基づいてサービスの提供が開始されると、ケアマネジャーは実施状況を確認し、効果を多面的に分析します。場合によってはアセスメントに戻り、ケアプランを見直すなど、ケアマネジメントはケアプランの作成だけではなく、プランの実施とその後の評価、ケアプランの見直しを行うことまでを含みます。

　この調整やケアプランを作成するのは、介護支援専門員、すなわちケアマネジャーと呼ばれる人たちです。

　ケアマネジャーは、居宅におけるケアマネジャーと、施設等におけるケアマネジャーに大別されます。前者は、居宅介護支援事業者や地域包括支援センターに配置され、後者は各種施設での配置が義務づけられています。

　居宅介護におけるケアマネジメントは、利用者の生活を丸ごとサポートするのを目的としています。ケアマネジャーが、保健・医療・福祉の各分野にわたる利用者の生活課題を把握し、本人の意向と合わせた居宅ケアプランを作成し、様々なサービスの利用につなげます。居宅ケアプランに織り込まれるサービスは、公的機関や事業所による介護保険サービスとともに、親族や隣人、ボランティアなどによる保険外の取り組みも含みます。

図：ケアマネジメント業務の流れ

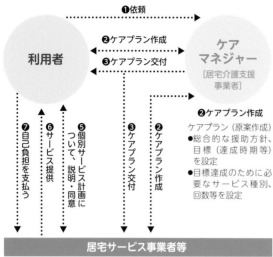

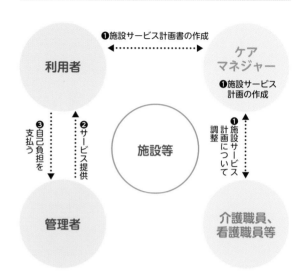

※小規模多機能型居宅介護においては、配置されたケアマネジャーが小規模多機能型居宅介護計画のほか、ケアプランも作成する。

一方、介護施設においてケアプランにあたるものが「施設サービス計画書」です。こちらは、利用者やその家族に面接を行ってニーズを把握し、サービス担当者会議を開いて各担当者からの意見をあおいで計画原案を作成します。

介護施設で作成されるケアプランは、利用者の「家」「生活場所」としての施設で、その人らしい生活を送るためにどのようなケアやサービスを提供するのか、という視点が必要であり、プランにもそういった観点での内容が盛り込まれます。

介護保険を巡る現状の課題

介護保険制度が施行されてから約20年が経過し、当初の目的となっていた介護サービス量の拡充や、介護ニーズに合わせた多様な類型のサービスの提供が進んできました。介護保険によるサービス提供が進む一方で、それに伴う課題が顕在化し始めています。

■ 介護費用の膨張

1つは、介護サービス需要が急拡大することに伴う介護費用の膨張です。介護保険制度開始当初の2000年から2019年までの約20年で65歳以上の被保険者数は約3,500万人と約1.6倍に、要介護（要支援）認定数も約660万人と約3倍に増加しています。

こうした介護需要の増加により、介護保険の保険給付や地域支援事業の事業費を合計した介護費用は一貫して増加を続けており、介護保険の創設当時、約3.2兆円だった介護費用は直近約11兆円まで拡大し、将来的には約25兆円規模となるという試算もあります。

介護保険における介護費用は、保険料と公費（国や地方自治体の税や公債等による財源）により賄われています。保険部分については、40歳以上の被保険者の保険料とサービス利用者の自己負担が保険収入という位置づけですが、例えば、65歳以上の被保険者の保険料は年を追うごとに増加を続けており、当初約2,900円（月額・加重平均）だった保険料も2倍以上の約6,000円まで膨れ上がっている状況です。

公費負担部分に関しても同様に支出の増加が見込まれる中で、サービス提供を続けるために、どのように対応していくかが課題の1つとなっています。

図：介護給付費の見通し

（兆円）

24.6

14.6

10.7

| 2018年度 | 2025年度 | 2040年度 |

出所：経済財政諮問会議資料（平成30年）

■ 介護人材の不足

介護サービスの提供の安定的な継続を進める上で、もう1つ大きな課題となるのが、介護人材の不足です。介護サービスの拡大に伴い、介護人材の数も年々増加を続けており、介護保険給付対象の事業所では、介護保険創設当時の約55万人から2017年には約187万人となっています。

今後も介護サービスの需要は高まっていくことから、さらなる介護人材の確保が必要というのが現状です。介護サービス需要から必要とされる介護人材の人数は先述の約187万人から2025年には約243万人まで増やすことが必要と試算されています。さらに2040年には約280万人の介護人材が必要とする試算も存在します。

足元の状況においても、全産業の有効求人倍率が1.3倍程度となっているのに対し、介護関係の職種では3.5倍以上となっており、介護職員の人材確保が非常に難しくなっている現状があります。

最近では、特に介護人材の確保が困難な地域において、必要な人数を採用することができないために、一部の居室でのサービスの開始を延期したり、休止したりする例も出ています。

このように、今後より介護人材の確保が難しくなることが見込まれる中で、介護費用の課題と併せて、いかにして介護サービスの提供を継続していくかが重要なテーマとなっています。

介護費用や介護人材確保の問題を考える中で重要なのが、日本全体での今後の人口動態の動きの把握です。少子高齢化が急速に進む日本ですが、今後の人口動態の変化はいくつかのステージに分けて考えることができます。

まず、1つの通過点は2025年といわれています。2025年は、いわゆる「団塊の世代」と呼ばれる人口集中世代の人々がすべて75歳以上の後期高齢者となる年です。団塊世代の人口は約800万人と言われており、この世代の流入に伴い、75歳以上人口が急激に増加していくことになります。これがいわゆる2025年問題と呼ばれる現象です。

団塊世代の高齢化の影響はその後も続き、2025年の10年後、2035年にはこうした世代の方々が85歳に達します。試算では、2025年までの75歳以上人口と同様、2035年まで85歳以上人口は一貫して増え続けるとされています。

要介護認定は、年齢が上がるごとに認定率が上昇します。75歳以上の年齢階級の認定率は約32％ですが、85歳以上になると約61％まで上昇します。高年齢者層が増加すればするほど、加速度的に要介護者も増加するということがいえます。

さらに人口動態の変化は高齢層のみに止まりません。15～64歳の現役世代を生産年齢人口といいますが、これらの年齢階層の人口も大きく変化することになります。

2025年以降、2040年までの間、75歳以上人口は微増を続けるのに対し、生産年齢人口は、約7,200万人から約6,000万人へと1,200万人も減少することが見込まれています。これがいわゆる2040年問題と呼ばれる現象です。

実際の就業者数についても、2025年から2040年で約6,350万人から約5,650万人まで減少するとされています。一方、医療や介護福祉の需要からみると、2040年には約1,060万人の就業者が必要であると試算されており、全体の就業者数の約2割を医療・福祉人材が占めることになります。

こうした人口動態の変化にあっても、持続可能な医療・福祉サービスの提供を可能とするた

図：介護職員の必要数

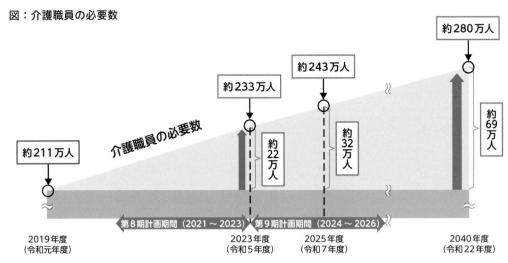

出所：厚生労働省

図：人口構造の変化

就業者数の推移

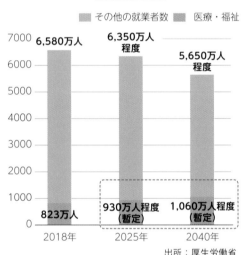

出所：厚生労働省

め、政府の経済財政諮問会議などにおいて、2つの対応策が示されました。

1つが健康寿命（日常生活を制限されることなく健康的に生活を送ることのできる期間）の延伸、もう1つが医療・福祉サービスの生産性の向上です。1つ目は健康寿命を延ばすことによるサービスの必要量の削減、2つ目は今より少ないコストでより効果的なサービスを提供することを示します。現在、厚生労働省を中心に推進されている介護の生産性向上施策はこのような政策課題から端を発したものとなっています。

■ 介護の質に関する課題

介護の持続的な提供に係る課題がある一方、介護の質に関する課題も存在しています。

介護保険制度において、介護サービスの類型が増加し、様々なサービスの提供のためのルールである設備運営基準が定められましたが、基本的に人員基準や設備要件を定めるものであり、実際に提供される介護サービスの内容については、各法人や事業所、または介護職員によるところが大きいのが現状です。

事業所ごとに創意工夫した介護サービスを提供することは、介護保険制度導入の意義の1つではある一方で、実際にどのようなサービスが質の高いサービスといえるのか判断が難しいという問題があります。

また、これまでの介護サービスの提供の過程では、介護職員個々人の技量にサービスの質が左右されることが多く、質の高いサービスの提

供手法を広げていくことが難しい現状がありました。

　このため、介護サービスの提供においても、医療の提供を一部参考にしながら、データに基づく介護を実施すべきという意見が惹起され、政府の未来投資会議などにおいて議論されることとなりました。

　また、**データを用いた科学的介護の推進**が厚生労働省の介護給付費分科会でも議論され、介護報酬改定においても、「LIFE」（科学的介護情報システム）の活用により進められることになりました。科学的介護やLIFEについては、CHAPTER3「科学的介護基礎論」で詳しく説明します。

　このように、今後は介護の現場においても、データ活用の流れが進んでいくことが想定されます。

■ 介護における高齢者の人権と尊厳

「人間の尊厳」とは、人間として尊ばれるべき、侵してはならない自由・平等・権利、という意味で、「人権」ともいわれます。被介護者は、基本的な人権を保障され、個人として尊重されなければなりません。

ところが近年、介護事業所職員が遵守しなければならない様々な介護倫理に関して、いくつもの課題点が浮かび上がっています。

まず筆頭に上がるのが、社会問題化もされている利用者への虐待問題でしょう。虐待の相談・通報件数および虐待判断件数は、依然多い水準にあり、とくに介護施設における職員によるものが多いという、厳しい現実があります。

高齢者虐待の定義としては、家庭での養護者または施設等職員による、下のようなものが示されています。

＜高齢者虐待の定義＞

1. 身体的虐待
　なぐる、ける、身体を拘束するなど
2. ネグレクト
　食事や入浴をさせない、不潔な環境に置く、必要な医療・介護サービスを受けさせないなど
3. 心理的虐待
　どなる、ののしる、無視するなど
4. 性的虐待
　性的行為の強要、下半身を裸にして放置するなど
5. 経済的虐待
　本人の合意なく預貯金や年金、賃金などを流用、勝手に財産を処分するなど

高齢者虐待の原因としては、図の通り教育・知識・介護技術等の問題をはじめ、職員のストレスや感情コントロールの問題、倫理観や理念の欠如、人員不足や人員配置の問題など様々な要因が考えられています。深刻なのは、虐待を行っている側に「虐待をしている」という自覚があるとは限らないことです。

また、利用者の安全を確保するという名目

で行われている身体拘束については、介護現場での不適切な身体拘束が問題視されていることから、2018年4月の報酬改定に伴い、より規制が強化されることになりました（身体拘束廃止未実施減算）。

現在、身体拘束はやむを得ない場合のみ認められていますが、その際には手法や時間の記録が必須で、これを怠ると介護報酬引き下げの対象になります。新規制では、身体拘束の有無にかかわらず、新たに設けられた基準を満たしていない場合にも、減算の対象になります。

また高齢者の尊厳を考えるうえで「ノーマライゼーション」も重要です。これは主に障害者支援の世界で使われる社会福祉用語で、「障害者も健常者も区別されることなく、同様の生活を送れるよう支援するべき」といったものです。障害者介護だけでなく高齢者介護の世界にもあてはめて考えることができます。

高齢者介護の視点から考えるノーマライゼーションとは、利用者や高齢者の住居・教育・労働・余暇などの生活条件を、できる限り今までの延長線上と捉え、その人に合わせた介護サービスを提供するということです。

近年では、利用者が可能な限り希望に沿って、在宅の生活に近い環境の中で生活が送れるように、「個別ケア」の必要性が指摘されています。その「個別ケア」を実現するために、特別養護老人ホームや認知症高齢者グループホームでは、10人前後のユニットというグループに分けて、少人数に対してできる限り個別のニーズに応える、「ユニットケア」を導入しています。

図：養介護施設従事者等による高齢者虐待の相談・通報件数と虐待判断件数の推移

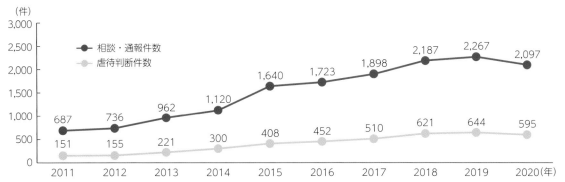

出所：厚生労働省　令和2年度「高齢者虐待の防止、高齢者の養護者に対する支援等に関する法律」に基づく対応状況等に関する調査結果
https://www.mhlw.go.jp/stf/houdou/0000196989_00008.html

図：高齢者虐待の原因

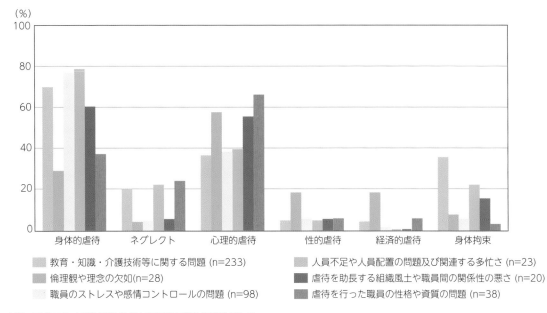

出所：平成28年度厚生労働省老人保健健康増進等事業報告書
　　　高齢者虐待の要因分析及び調査結果の継続的な活用・還元方法の確立に関する調査研究事業
　　　（社会福祉法人 東北福祉会　認知症介護研究・研修仙台センター）
https://www.mhlw.go.jp/file/06-Seisakujouhou-12300000-Roukenkyoku/53_touhokuhukushikai.pdf

参考資料

■ 介護技術

ここでは介護の基本となる、3大介助や、移乗・移動、見守り・コミュニケーションについて考えてみましょう。

3大介助とは、身体介護サービスの基本となる、以下の3種類を指します。

> <身体介護サービスにおける3大介助>
> 1. 食事　2. 入浴　3. 排泄

食事介助

》 目的

食べることは単なる生命維持活動であるだけでなく、生活における楽しみであり、精神的充足や幸福感をもたらすものです。また、食事は「食習慣」という言葉が示すとおり、それぞれの生活スタイルが色濃く影響する活動の1つでもあります。

食事介助で最も重要なことは、利用者にとって食事がおいしい、楽しいと思えるようなサポートを心がけることです。その人らしさが生かされた食事ができるような援助を心がけます。

そのためには、利用者が使いやすい介護食器を準備する、声掛けによって飲み込みの手助けをする、水分補給を促す、など食事をとりやすい環境づくりや利用者の食欲を刺激するための工夫が必要です。また誤嚥の危険を防止するなど、安全面への配慮も不可欠です。

》 介助の際の注意点

- 座る姿勢を整える（足は床についていること、顎は少し引いた状態でいること、少し前かがみの姿勢でいること）。
- 食事が見えるよう、いすかテーブルの高さを調節する。
- 利用者の食事ペースに合わせ、1回に入れ

る量を決め、誤嚥しないように注意する。
- 1回ごとにしっかり飲み込んでいることを確認する。
- 飲み込みの様子は普段と変化はないか観察する。
- 片麻痺の利用者には健側（けんそく）に座り、健側から食べ物を運ぶように配慮する。

入浴介助

》 目的

身体を清潔に保つということは、身体機能の健康を維持するだけでなく、精神的な安定ももたらします。そのため、入浴は安眠や食欲を増進させる効果や、利用者の健康状態を把握する役割を持ちます。一方で、おぼれやのぼせ、脱水といった生命に関わる事故も起こりやすいため、安全対策には十分留意します。

入浴は心地よいものですが、肌をさらすデリケートな場面でもあります。なので、体を見られることで利用者に不快な思いをさせないよう、心のケアにも配慮することも重要です。

》 介助の際の注意点

- 利用者の心身状況を確認する（バイタルサインが平常値であることや、利用者本人に入浴の意欲があることなどを確認する）。
- 入浴前に排泄を済ませる。
- 脱衣は必ず座って行ってもらう。
- 気管切開・ストーマ・バルーンカテーテルなどは水濡れ防止の処置をする。
- 補聴器・眼鏡・ネックレスなどは外してもらう。
- 浴槽、シャワーの温度が適温であることを確認する。
- 皮膚に傷やトラブルなどがないか確認する。
- 入浴中に長湯をしないように、顔色を確認しながら声掛けも行う。

● 入浴後は水分補給を促すようにする。

排泄介助

≫ 目的

　排泄は、身体にとって有害で不必要な老廃物質を体外に出すという生理現象の一つで、生命を維持するためにはなくてはならない行為です。こうした、利用者の排泄の自立をサポートします。具体的には、トイレへの誘導、排泄の手伝い、おむつ交換などがあります。昼夜問わず行われる回数の多い介助で、生活の中でその人のタイミングで排泄できる環境を整えることが大切です。排泄に他人の手を借りるのは、羞恥心を感じることでもあります。そのため、利用者を焦らせない、トイレ誘導の際には声掛けをするなど、その人の自尊心を傷つけることがないよう介助する姿勢も大切です。プライバシーを守る工夫も心がけましょう。

≫ 介助の際の注意点
❶プライバシーの確保
● できるだけ人に気づかれたくないという思いを尊重し、不必要な露出を避けるように配慮する。

❷安全（排泄行為に伴う事故の防止）
● 適切な排泄方法、用具を選び、転倒・転落（ベッド・トイレから）・ケガに注意する。

❸無駄のない動作
● 排泄時は正しい姿勢をとってもらい、待たせず、手際よく介助し、いつでも気持ち良く応じる。

❹観察
● 必ず排泄物の観察（色・形・におい）を行い、消化・吸収機能や体内の異常の早期発見に努める。
● 介助の際、陰部・臀部・仙骨部など身体の状態も観察し、皮膚の異常や外傷がないか確認する（利用者への配慮を忘れない）。

❺自立
● 排泄がスムーズに行えないと社会的・心理的活動が不活発となりがちである。これは、排泄を決められた場所で自分の力で行うことを、人間としての自立の第一歩と考えるように、排泄の自立が人間的価値に大きく関わるという社会的意識が強くあるからといえる。「トイレだけは最期まで自分でしたい」。この願いを叶えるよう、いろいろな工夫をして援助を行う。
● オムツを使用するのは、排泄が自分でできない場合の最終手段。安易に利便さからだけで使用することはやめる。オムツに頼ることで、心身の健康に悪影響を及ぼし、尿意を伝えるという神経作用が働かなくなり、脳の活性化を妨げることにつながることがある。またオムツを使用すると皮膚が常に湿潤することで肌が荒れることにつながる場合もある。

移動・移乗介助

　介助の3大柱である食事、入浴、排泄のほか、重要なのが移動・移乗の介助です。食事、排泄、衣類の着脱など、生活するうえで必要な「起き上がる」「座る」「歩く」ことが困難な利用者のために行う支援です。

　とくに車いすでの移動、ベッドと車いす間の移乗といった室内での介助は、利用者の安全確保が不可欠です。そのため利用者の移動能力の把握や身支度、必要な介助機器の点検

など、様々な安全確認が重要になってきます。

「寝たきり状態」は身体機能・生活に様々な悪影響を及ぼすものです。手がかからないからといって寝かせきりにせずに、生活の質の向上を考えて介護していくことが大切です。座ることができれば、生活は一変するため、その第一歩として、介護を受ける利用者も、介護する人も安全で安楽な体位変換・移乗を行います。そして、自分らしい生き方ができるよう支援していきます。

≫ 移動介助の注意点

- 補助器具のメンテナンスをしておき、操作方法を把握しておく。
- 利用者のペースに合わせ、動作の際に声をかける。

≫ 移乗介助の注意点

- 車いすへの移乗（トランスファー）の介助では、利用者の転倒や、介護職員の腰痛などが起こる可能性が高い。安全に移乗介助するためには、正しい知識と技術を用いることが大切で、力まかせに行ってしまうと、さらに転倒や腰痛の危険が増加する恐れがある。
- ボディメカニクス（人間本来の機能に基づく最小限の力）を活用し、安全・安楽であるとともに利用者の自立につながるように介助を行う。
- 移乗動作は利用者との共同作業であるため、こまめに声掛けをしながら行う。
- 移乗後は必ず体調確認を行う。
- フットレスト等で表皮剥離しやすいので、十分に気をつけた介助を行う。
- 必要に応じて介助バーなどの自助具を設置するとよい。
- 少ない負担でベッドと車いすの間を移乗するためには、ベッドと車いすの高さをほぼ同じくらいにする（全介助の場合）。
- ベッドの高さを自由に変えられる場合、ベッドから車いすへ移乗するときにはベッドを高くし、車いすからベッドに移乗するときはベッドを低くすると楽に移乗ができる（全介助の場合）。

見守り・コミュニケーション

もう1つ、介護における重要な業務に「見守り」があります。

見守りは、相手の行動を監視することとは違います。転倒や転落などの危機を先回りして取り除く、車いす移動の動線を確保する、トイレに行きたがっている様子を感じたら声掛けをする、など、助けを必要としていないか心を配りながら、利用者が求めていることを汲み取るために行うのが見守りです。

また、介護現場において良質な介護サービスを提供するためには、利用者と円滑なコミュニケーションをとり、良好な人間関係を築いていくことが不可欠です。

コミュニケーションの基本は「聴く」こと。相手の気持ちをくみとりながら心を傾けて聴く「傾聴」、そして相手の感情をありのままに受け入れる「受容」、気持ちに寄り添う「共感」が必要です。

コミュニケーションを図る際は、目線の高さを合わせて話をすることが基本です。また、利用者の身体状況に応じて、筆談や文字盤を利用するなど、コミュニケーションの方法を選択する必要もあります。

このように、見守りやコミュニケーションの基本は、介助の手を必要とする人の立場や気持ちに寄り添うことなのです。

2 ケアテックの現状と課題

介護現場とテクノロジー

　今後介護が必要となる要介護者の増加やそれに伴う介護人材不足が懸念される中、介護業務を効率化し、質の高いサービスを提供することが必要になっています。そうした課題に対して、テクノロジーを活用していくことは1つの解決の方向性です。最近では介護現場におけるテクノロジーをケアテックと呼んでいます。また、DX（デジタルトランスフォーメーション）と呼ばれるように、デジタルテクノロジーを複合的に活用し、業務自体を変革する介護DXの推進も始まっています。

　では現在の介護現場に導入されているケアテックにはどのようなものがあるでしょうか。ここでは介護現場に導入されているケアテックを概観してみましょう。

■ 介護ロボット

　1つには介護ロボットと呼ばれる機器・センサーがあります。介護現場で利用されているロボットには様々な種類があります。

　一例を挙げると、腰に装着し移乗を支援してくれる機器があります。このような機器は、ロボティクスやロボット工学と呼ばれるような機器の駆動や制御技術を応用して介護職員や利用者を支えてくれます。主に移乗・移動支援の分野で活躍しています。

　また、ベッド上に寝ている利用者が離床した場合や、排泄が必要な場合に、人に代わってその情報を検知し、パソコン（PC）やスマートフォン上で情報を表示するセンサーがあります。こうしたセンサーは必要な情報を管理するセンシング技術や、IoT（Internet of Things）と呼ばれるような機能をもっており、データをクラウドなどのサーバー上に送信し、情報処理をしたうえで端末上のアプリケーションに表示するといったことができるようになっています。主に見守りや排泄などの分野を中心に活用されています。

　ほかにもレクリエーションやコミュニケーションをしてくれる顔や手足のあるロボットなど様々なものがありますが、こうした介護ロボットは、厚生労働省「福祉用具・介護ロボット実用化支援事業」重点分野の6分野13項目に分類されています。これらは、CHAPTER2「ケアテック基礎論—ロボット・センサー編—」でより詳しくみていきましょう。

■ ICT

　もう1つはICTと呼ばれるソフトウェアや通信機器です。ICTとはInformation and Communication Technologyの略であり、日本語に訳すと情報通信技術です。

　介護現場では、介護職員と看護師・リハビリ職員などの多職種間、地域包括ケアにかかわる事業者間、さらには人事・経理や請求業務などを行う事務業務などとの連携など、情報連携が必要なケースは多方面にわたります。情報連携をデジタル化することで、記録や書類作成などの間接的な業務が効率化され、利用者へのケアをより迅速に行えるようになります。

　また、ICTの活用によってペーパーレス化を進めることができます。PCやタブレット、スマートフォンなどの情報端末に記録することで、リアルタイムな情報共有や、データ分析が可能です。また、このように様々な情報がデータ化

され、ビッグデータとして集約化されることが、エビデンス（根拠）に基づく科学的介護にも必要となります。

ICTについては、CHAPTER2「ケアテック基礎論―ICT編―」、科学的介護についてはCHAPTER3「科学的介護基礎論」で詳しくみていきましょう。

■ ケアテックの課題

しかし、介護現場でのケアテックの活用はまだ始まったばかりです。介護ロボットやICTの導入は、まだ十分に進んでいるとはいえない状況です。

導入が進まない理由としては、1つには、コストの点が課題としてあげられます。機器自体やソフトウェアの費用に加え、Wi-Fiなどの通信環境を構築するための費用や、PCやタブレット、スマートフォンなどの通信端末に関する支出が必要です。国や各自治体は、導入普及にあたって様々な補助金による支援も進めていますが、それでも予算上導入は難しいと考えている事業者が多いようです。また、現在の介護報酬制度においては、テクノロジーを活用することによって与えられるインセンティブは限定的です。活用することが経営面に対してポジティブにはたらくような仕組みが必要だと訴える事業者も少なくありません。

コスト面だけでなく、運用面でも課題があるでしょう。ITに苦手意識を持っている職員が多いため、職員育成が必要だが、教育するための時間がとれないというような人材面での課題に加え、清掃などの維持管理や置く場所がないといったスペースの問題などもあります。さらには導入したけれど期待した効果が得られず、活用しないまま倉庫にしまっているという場合も少なからずあります。介護事業者がケアテックを導入するには、金銭面だけではなく、導入方法や利用方法まで検討しておくことが必要です。

ケアテック関連施策の変遷

ケアテックは近年使われるようになった言葉ですが、介護領域においては、古くから機器や用具の活用が行われてきました。

介護保険創設当時から、福祉用具の貸与は介護保険サービスの対象でした。福祉用具の制度は、デンマークの介護制度を参考にしたと言われています。福祉用具は、支援が必要になった人の自己実現や社会参加といった、生活の質を向上させるための役割を担っています。

一方、産業分野でのロボティクス技術の高まりなどを受け、介護ロボットなどのテクノロジー活用についても、介護保険制度の施行後に注目されることになります。

平成20年頃から、厚生労働省において、介護職員の負担軽減を実現するため、政策の方向性として、介護ロボットや福祉用具の研究開発・振興を図ることが示されるようになりました。こうした流れの中で、厚生労働省の予算事業として、介護ロボットや福祉用具の実用化を支援する事業や介護ロボットの重点開発分野が示されることとなりました。

現状、介護テクノロジーの活用促進に向けては、厚生労働省などにおいて大きく分けて3つの領域で支援策が実行されています。

1つはテクノロジーの開発支援、もう1つが普及・導入の支援、そしてもう1つは運用段階である介護報酬上の評価です。

■ 開発の支援策

開発の支援については、厚生労働省と日本医療研究開発機構（AMED）が連携して取り組みを進めています。

厚生労働省では、介護ロボット開発等加速化事業を予算化し、介護テクノロジーの開発企業に対する総合的な支援を実施しています。加速化事業の1つとして、開発・実証・普及のプラットフォーム事業が実施されており、以下のような構成になっています。

- 開発企業や介護事業所への相談窓口となる地域拠点の設置
- 開発実証のアドバイザリーと先行実証を行うリビングラボの設置
- 全国の介護事業所の協力による実証フィールドの設置と大規模実証の実施

このように、開発企業に対する実際の活用場面のテストや現場ニーズのマッチングにより、開発の要件定義やテスト環境を提供するのが事業の役割となっています。

一方で、AMEDも介護テクノロジー開発に対して、有望な開発企業に対しては開発資金の助成を行っており、研究開発の加速化を推進しています。

■ 普及・導入の支援策

介護テクノロジーの普及や導入については、厚生労働省において、介護現場の革新を目的とした普及策と導入の補助事業を実施しています。介護現場革新の取り組みの1つとして、都道府県等における介護現場革新会議の設置・議論があります。

平成30年度以降、7つの県・市でパイロット事業として進められた取り組みを参考に、令和2年度以降は、全国での介護現場の革新を進めようとしています。これは、都道府県等版介護現場革新会議を設置・議論することにより各地域で課題を抽出し、介護テクノロジーや介護助手を活用した地域の先進的な事業所を育成、その後モデル事業所が地域の事業所に対して現場革新の取り組みを拡げていくというものです。

さらに厚生労働省では、これらの取り組みや各事業所での業務の改善を支援するため、生産性向上ガイドラインの策定を実施しています。このガイドラインは各事業所や地方自治体が、介護現場の生産性向上に取り組む際の手順を示したものであり、こうしたガイドラインの活用の促進も図られています。

これらの取り組みに加え、介護ロボットやICTの導入に関して補助制度がありますが、補助制度については、CHAPTER2「ケアテック基礎論—ロボット・センサー編—」において詳しく解説します。

■ 介護報酬での評価

介護テクノロジー活用の3つ目の柱が介護報酬での評価です。介護テクノロジーを介護保険制度や介護報酬に位置づけることについては、首相官邸の成長戦略策定の会議などを中心に様々な議論がなされてきました。そうした中で、厚生労働省は介護ロボットの実証研究の結果等に基づき、平成30年度介護報酬改定で、初めて介護報酬にテクノロジー活用を評価する内容を盛り込みました。

平成30年度改定では、見守り機器を導入した場合の夜勤加算要件の緩和、ICTを活用した場合の定期巡回型サービスのオペレーターの専任要件の緩和、ICTを活用したリハ会議への参加が認められました。

さらに3年後の令和3年度介護報酬改定では、こうした介護テクノロジー活用をより推進するため、さらなる改定を行いました。この改定では、夜勤加算要件のさらなる緩和に加え、従来型特養等での夜間人員基準の緩和、日常生活継続支援加算等の介護福祉士配置要件の緩和、オンライン会議やオンライン服薬指導、文書や署名押印への電磁的な対応が認められました。

今後の介護報酬改定に向けても、これらの改定の影響を踏まえながら、さらなる生産性向上の方策について検討していくとされています。

■ データベース活用の推進

こうしたテクノロジーの開発や活用が進められる一方、介護分野におけるデータ活用についても並行して議論・取り組みが進んでいます。

平成27年度の介護報酬改定の議論の中で、リハビリ分野でのデータ活用の必要性が惹起されたことを契機に、厚生労働省事業においてリハビリ分野のデータを収集し、PDCAサイクルに基づくリハビリ計画策定支援を実施するためのシステム「VISIT」が構築されました。

さらに、リハビリ分野以外の介護領域においても科学的な介護を進めるべきという議論がなされるようになります。厚生労働省の科学的裏付けに基づく介護に係る検討会において、介護分野のケアに関するデータの収集と活用が議論

され、「CHASE」というシステムが構築されました。

　VISIT、CHASE、そして市町村がもつ介護保険情報のデータについては、これらのより有効な活用を推進するため、これらを統合し、令和3年度から「LIFE」という名称のデータベースとなりました。LIFEの活用の推進のためには、データの収集を行い、有意なデータ数を集めることが必要です。このため、令和3年度介護報酬改定においては、科学的介護推進体制加算（LIFE加算）等が新設され、LIFEデータの提供に対する介護報酬上の評価がなされるようになりました。

　このように、介護分野においては、テクノロジーやデータの活用を前提とした取り組みが漸次進められています。高齢化がますます進展し、介護の質の向上が求められる中で、今後もさらなるテクノロジーやデータの活用に関する方策が検討・推進されることは間違いないといえます。

3 スマート介護士が目指す介護

ここまで介護を取り巻く現状・課題や、ケアテックの現状について学んできました。

では、これからスマート介護士資格を取得しようとしているみなさんがどのような介護を目指していく必要があるのかを考えてみましょう。

スマート介護士に求められる能力

これからの介護で求められていくことは、介護が必要となる要介護者の増加や、働き手となる介護職員不足が深刻化する中で、少ない人数でも質の高いサービスを提供することです。このためには、これまでのように人の手ありきで、介護士の経験や勘に基づいて提供していく介護から、ケアテックを活用した新しい介護に変革をしていくことが必要です。より効率的かつ効果的にサービスを提供するため、今より少ない

人数でも無駄なく必要なサービスを提供できる体制を創造することが必要となります。

また、効果的なサービスを提供するためには、エビデンスやデータに基づいた「科学的な介護」が求められます。

さらに時代の変化に合わせて常に変革していくことが必要です。「効果的で効率的」といった概念は、時代の流れによって変化するものです。求められるニーズが変わるだけでなく、時代とともにテクノロジーは進歩し、より有効なケアテックが生まれ続けていくでしょう。新しい情報や時代の変化に対して常にアンテナをはり、今求められるニーズに合わせて柔軟かつ創造的に業務の在り方やサービス自体を変革していくことが必要です。

だからこそ、みなさんが目指す介護は、これまでの介護士に求められてきた専門知識やチームワーク、公正な姿勢や観察力などに加えて、創造性や柔軟性が求められます。

図：スマート介護士に求められる能力

今までの介護士に求められるもの

● 公正な姿勢 　● 専門知識
● 介護技術 　● 観察力
● チームワーク＆コミュニケーション

これからの介護士に求められるもの

新しい技術や機器を組み合わせ、
最適な業務の流れを創出する

創造性

新しい技術や機器、業務に対応する

柔軟性

スマート介護士が
未来の介護へリード

SMART

テクノロジーを
使った
効率的な介護

エビデンスや
データ分析に
基づいた
科学的介護

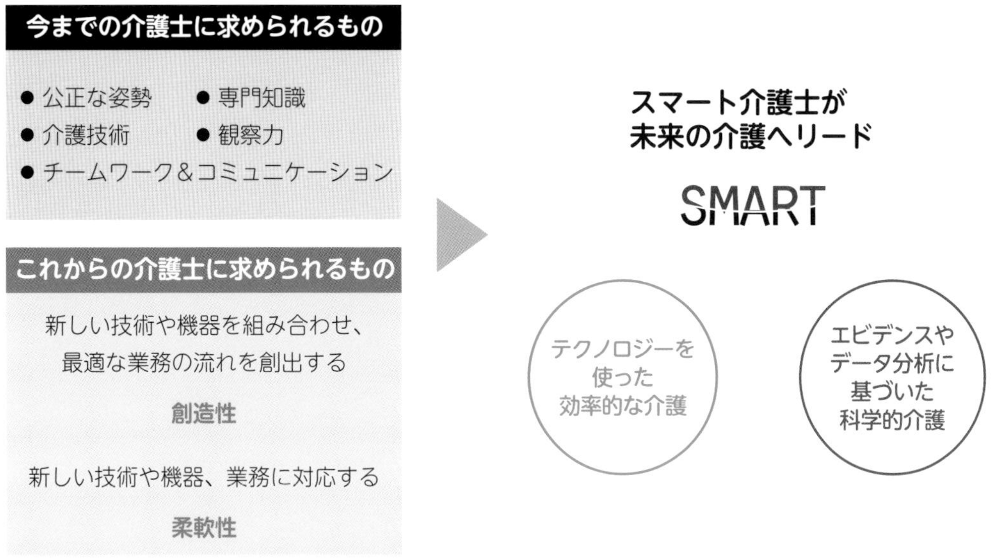

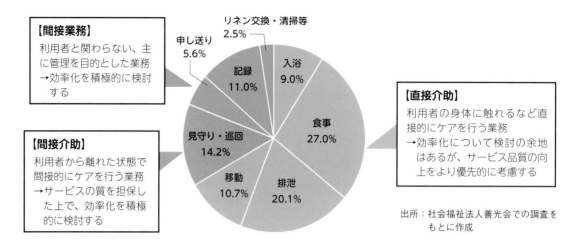

図：業務種別ごとの業務時間割合（例）

【間接業務】
利用者と関わらない、主に管理を目的とした業務
→効率化を積極的に検討する

【間接介助】
利用者から離れた状態で間接的にケアを行う業務
→サービスの質を担保した上で、効率化を積極的に検討する

リネン交換・清掃等 2.5%
申し送り 5.6%
記録 11.0%
入浴 9.0%
食事 27.0%
排泄 20.1%
移動 10.7%
見守り・巡回 14.2%

【直接介助】
利用者の身体に触れるなど直接的にケアを行う業務
→効率化について検討の余地はあるが、サービス品質の向上をより優先的に考慮する

出所：社会福祉法人善光会での調査をもとに作成

テクノロジーと現場の融合

　また、ケアテックを活用していくうえでも、これまでの介護に求められてきたコミュニケーションの重要性は変わりません。人だからできる傾聴、人の手による適度なスキンシップなど、利用者の心理的な不安を軽減し、安心した生活を支えるために、介護が行ってきたコミュニケーションはこれからも求められ、今後もより重要になっていくでしょう。

　そうした意味では、食事・排泄・入浴介助のような直接介助については、コミュニケーションを大切にし、利用者が望むことをより深く考えて行うことが必要です。その一方で、巡回のように、異常がないかを確認する業務や、記録・申し送り・伝達、清掃や在庫管理などの間接業務は、テクノロジーを活用することで、効率的かつ効果的に行える方法を考え、直接的な介助にかける時間を増やせるように取り組む必要があります。

　このように、テクノロジーによって今ある介護業務が置き換わるわけではなく、あくまでも介護現場にテクノロジーが浸透していくという視点が必要です。

介護オペレーション

　またテクノロジー自体は課題を解決するための手段であり、1つのツールとして考えることも重要なポイントです。

　次ページの図は介護オペレーションとツールの関係性を示しています。

　この図を見るとわかるように、介護オペレーションとは①利用者因子②職員因子③施設環境因子という3つの要素によって決定します。

　利用者因子とは、その名のとおり利用者に関連する因子を指します。具体的には、利用者の日常的生活動作（ADL）といった生活機能、ケアに関する要望、介護の方針などです。

　次に、職員因子とは、職員に関連する因子を指します。例えば職員のスキルやチームワーク、健康状況、ストレスやモチベーション、配置可能人員数などが該当します。

　3番目の施設環境因子とは、施設に関連する因子を指します。また在宅ケアを行っている場合においては、自宅環境についてもその要素となります。施設内のモノの配列や配置、動線といったフロアレイアウト、風呂やトイレなどの施設設備や福祉用具などのツールが、それにあたります。

　ケアテックは、このなかでは施設環境因子の「ツール」（設備・備品等）にカテゴライズされます。

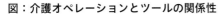

図：介護オペレーションとツールの関係性

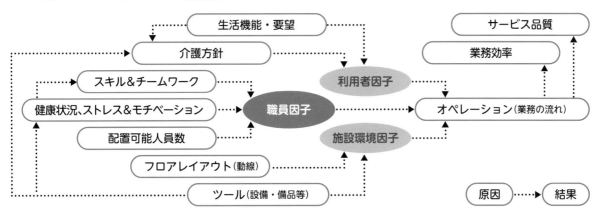

介護オペレーションへケアテックを組み込む
ときに最も重要なポイントは、ケアテックとい
うツールを既存のオペレーションに合わせるの
ではなく、そのツールを最大限に活かせるよう
オペレーション自体を変化させていくという点
です。なぜなら、オペレーションの見直し・修正
を行わずして新しいツールを導入しようとして
も、効果が限定的になるどころか、かえってサー
ビスの質の低下や業務負担の増加を招く恐れが
あるからです。業務を全体的にとらえ、思い切っ
た見直しが必要です。

介護職員の業務負担軽減

介護現場においてテクノロジーの浸透を目指
し、介護業務の効率化を進めていくにあたって
は、いかに介護職員の業務負担を軽減するかと
いった視点が必要です。業務の改善については、
課題を見つけ、その課題が解消されるようにテク
ノロジーを導入したり、方法を変えたりすること
が大切ですが、そのうえで一人一人の介護職員
の業務負担を把握することは課題を見つけるに
あたって重要なアプローチ方法になるでしょう。

例えば、あなたの事業所では介護記録のため
に介護職員が残業をしていないでしょうか。紙
へ記録した介護記録を、PCに入力し直すため
に残業をしているケースはよくあります。こう

した場合、例えばタブレットで記録できるシス
テムを導入することで、より早く簡単に記録で
き、残業時間を短縮することができるかもしれ
ません。

また、夜勤帯において、巡回業務で介護職員が
常に歩き回り、身体的な負担が大変大きくなっ
ている場合もあるでしょう。例えば睡眠状態を
把握できる見守り機器を導入することで、画面
上で利用者の状況をモニタリングでき、全室巡
回する必要がなくなるかもしれません。

このように介護職員の業務負担を軽減すると
いう視点から介護オペレーションの課題を見つ
けて、テクノロジーを解決の手段としていくこ
とが重要です。

具体的にどの機器をどのようにして入れてい
くのかについては、CHAPTER4「ケアテック
導入の実践理論」にて説明します。

情報コストの削減

職員間や事業所間の情報連携・コミュニケー
ションを効率化していくことも必要な視点で
す。こうした情報連携やコミュニケーションに
かかる時間や負担を**情報コスト**と呼びます。

例えば、ある利用者が発熱した場合に、利用者
1人にかかわるすべての職員が利用者のもとを
訪ね、利用者の状態を確認しているとします。そ

うすると、介護職員に限らず管理者や看護職員など多くの職員に、利用者の居室への移動時間がかかります。ICTシステムを導入し、体温やバイタルサイン、状況変化などの記録を関係者全員で共有する体制が整っていれば、迅速に利用者の状況確認ができます。必要な判断や処置をスムーズに進めていくことが可能です。

また、定時の申し送り業務についても同様のことがいえます。事務所に職員が集まって申し送りを行う場合、申し送りに参加している時間だけではなく、その申し送りに参加するために別の業務が中断されているかもしれません。ときには集まってコミュニケーションをとることも必要ですが、ICTシステムによってリアルタイムに個別の利用者情報が閲覧でき、システム内で重要な事項などの伝達ができれば、1日の中で複数回も全員が集まる必要はなくなるでしょう。

このように情報連携のためにかかっている時間を情報コストとして考え、効率化していくことが必要です。情報連携にかけている時間を減らし、より迅速に連携が行われるようになれば、その時間を利用者とのコミュニケーションの時間にあてることも可能です。

介護における生産性と介護の質の向上

業務を効率化させ、より良いサービスを提供することは、業務の生産性向上と呼ばれます。一般的には、インプットである業務人員やその一人一人の業務時間に対して、アウトプットとなるサービスの成果や売上の割合を示します。インプットを少なくし、アウトプットを高めることが生産性の向上です。

例えば車を製造している工場においては、できる限り人員や手間を減らし、同じ時間で製造できる車の量を増やすことが生産性の向上となります。

では、介護においてはどのようなことが求められるでしょうか。介護における生産性向上は、

利用者の「自立支援」に向けた、サービス品質の向上が目的であることを忘れてはいけません。間接的な業務にかける時間を減らし、少ない人数で運営できる体制を目指すだけにとどまるのではなく、現状より品質が高いサービス提供を目指すことが重要です。

ケアテックの活用においては、業務の効率化だけでなく、それ以上にサービスをどうやって向上させるのか、介護の質を高め利用者のQOL（Quality of Life）をどのように高めるのかを常に意識するようにしましょう。

QOLの向上とICF

■ QOLの定義

利用者のQOLを考えていくうえで、まずQOLの定義を確認しましょう。

QOLは、日本語では「生活の質」などと訳されることが多いですが、QOLの考え方は1948年に発行されたWHO（世界保健機関）による世界保健機関憲章の健康の定義および権利を参考にするのがよいでしょう。この憲章において健康とは「完全な肉体的、精神的及び社会的福祉の状態であり、単に疾病又は病弱の存在しないことではない。到達しうる最高基準の健康を享有することは、人種、宗教、政治的信念又は経済的若しくは社会的条件の差別なしに万人の有する基本的権利の一である。」と定義されています。

このようにQOLとは、身体状況のみならず、精神的・社会的な充足を目指すことであり、差別なくすべての人が持つ権利です。だからこそ、介護サービスとして、利用者の身体の健康をはじめ、精神的・社会的な健康も支援していくことが必要です。

参考：世界保健機関憲章（外務省ホームページ）https://www.mofa.go.jp/mofaj/gaiko/who/who.html

■ 高齢者のQOL

次に高齢者のQOLについて考えてみましょ

う。高齢者は老化によって生理機能の低下が生じることで、全身的な機能低下が見られます。

高齢者の身体的特徴

- ●呼吸機能の低下
- ●消化・吸収機能の低下
- ●排泄機能の低下
- ●感覚機能の低下
- ●免疫機能の低下
- ●造血機能の低下
- ●循環機能の低下
- ●運動機能の低下
- ●神経機能の低下
- ●性機能の低下

高齢者の身体的な変化

- ●身長低下
- ●体重減少
- ●頭髪の抜け毛、白髪
- ●歯が抜ける
- ●皮膚のしわ、乾燥、弾力の低下、白斑など
- ●筋力の低下
- ●筋肉量の低下
- ●栄養障害
- ●主観的疲労感
- ●日常生活活動量の減少
- ●身体能力の減弱

精神的な機能変化としては、社会的な役割の喪失、配偶者や知人など親しい人との死別、自身の健康不安が増大するなど、孤立感が強くなることが挙げられます。こうした喪失体験を乗り越えることが困難な場合、閉じこもりや老年期うつ病を引き起こす可能性も高くなります。

身体機能が衰えてきて、かつ精神的にも孤独感が強くなると、外に出るのも億劫になり、社会的なつながりも減少してきます。すると、さらに無気力な状態となり、寝てばかりいることによって、筋力が低下し、廃用症候群（生活不活発病）へとつながります。ADLや、手段的日常生活動作（IADL）が低下していくことで、介護がより必要な状態となります。身体面・精神面・社会面ともにできないことが増えQOLの低下を招きます。

介護は自立支援の視点から、QOLを高められるよう、身体面のみならず精神面や社会面についても支援していくことが必要であり、そのために有効なサービスを提供していく必要があります。利用者一人一人に合わせてその人が望む生活を目指し、自分らしさを尊重し個性を活かして過ごしていけるように支援していく個別ケアの視点や、ICF（国際生活機能分類）の概念に基づいて「できること」を増やしていく視点が必要です。

■ ICFの概念

ICFとはWHOが2001年に採択した健康の構成要素に関する分類のことであり、世界共通の概念です。

ICFでは地球上のすべての人の「生命・生活・人生」を包括的にとらえ、「心身機能・身体構造」「活動」「参加」を中心として、これらに影響を及ぼす要因として、「健康状態」および「環境因子」「個人因子」を挙げています。さらに、各要因には「促進因子」と「阻害因子」があるとし、あらゆる要因が相互に関係しあう相互作用を持っています。

介護現場においては、様々な分野の専門家と当事者の間の共通言語として、必要となるケアを考えるツールとして活用されています。

図：ICFの概念図と活動の定義

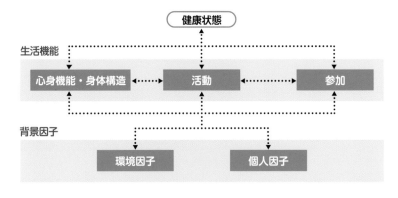

科学的介護

■ 科学的介護の重要性

現在の介護現場では、利用者のQOLを高めていくため、アセスメントを行ったうえでケアプランを作成し、ケアを実践した後、利用者の変化に合わせてケアプランを更新するPDCAサイクルがとられています。

ここで、利用者の変化を数量的に測定したアウトカムを明確にし、エビデンスに基づいたケアを選択していくことが理想でしょう。

このようにアウトカムを測定し、その結果によって、エビデンスに基づく効果的なケアを選択できるよう、PDCAサイクルを回していくことが「科学的介護」です。科学的な介護を実践していくためには、データの利活用が必要となり、そのためにテクノロジーが必要となります。CHAPTER3およびCHAPTER5で、より詳しく科学的介護について学びましょう。

■ データ利用と利用者のプライバシー

科学的介護を進めるにあたっては、利用者の様々なデータを用いることになりますが、データ利用には、利用者の尊厳を保持できるようプライバシーへの配慮が欠かせません。

見守り機器などのセンサーから得られたデータや、日々の介護記録などの個人情報については、適切なセキュリティ管理を行い、第三者からはアクセスできないようにしましょう。

特にカメラ型のセンサーがついた機器では、利用者の生活空間を映像としてとらえることが可能です。センサー自体にもプライバシーが配慮され、人物像をシルエットにして確認できないようにしたものや、センサーが転倒や離床などを感知したときに限って確認できるものなどがあるので、機器の選定の際に考慮しましょう。

また、その設置については、必ず利用者や利用者家族の同意を得ます。介護職員としての倫理に基づき、あくまでも同意を得たうえで必要な

範囲内での利用とすることが求められます。

介護職員は、他人が容易に知り得ない利用者のプライバシーに深くかかわるため、守秘義務を守り、個人情報の保護に努めなければなりません。秘密保持義務に関しては、個人情報の保護に関する法律(個人情報保護法)、社会福祉士及び介護福祉士法においても厳しく規定されており、遵守することが法律的に求められています。

厚生労働省が示した「医療情報システムの安全管理に関するガイドライン」では、利用目的を特定して本人に通知すること、正確な個人情報を適正に取得すること、データを安全に管理し、本人の同意なしに第三者への提供をしないことなどが規定されています。

スマート介護士が目指す未来とデジタルツイン

このようにスマート介護士が目指していく介護の在り方について勉強してきました。テクノロジーを活用することで、業務を効率化し、サービスの質を向上させていく、また、QOLの向上を目指し、科学的な介護を実践していくという方向性について十分に理解していただいたと思います。

最後に、未来の介護を見据えるにあたって必要な「デジタルツイン」という考え方を紹介します。

デジタルツインとは、センサーが取得したデータをクラウド上に集約し、仮想空間(バーチャル)上に再現することで、モニタリングや、AIによる予測を行い、現実空間(リアル)へフィードバックを行う考え方のことです。

介護の世界でも、センサーなどから読みとった情報を仮想空間上で分析することで、QOLの向上のために有用なケアの方法を導き出したり、病気や事故などの起こりうるリスクをあらかじめ予測し、未然に防ぐための情報をリアルタイムで介護職員に教えてくれることが可能となる未来が近づいてきています。

介護予防の取り組みの強化も重要視されています。テクノロジーの活用によって、健康寿命を

増進し、QOLの向上を常に目指していけるよう
介護の在り方は日々進化し続けています。スマー
ト介護士として、テクノロジーを活用し、未来に
向けて取り組んでいただきたいと思います。

図：デジタルツインの概念

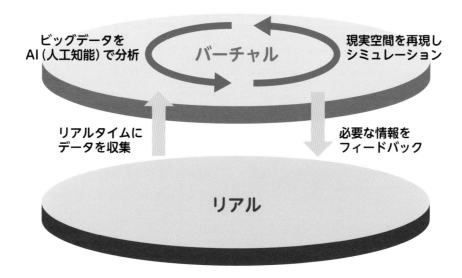

フランスで始まる介護での
テクノロジー活用と文化的背景

フランス国立社会科学高等研究院 博士課程研究員
玉置 祐子

フランスにおいても、日本と同様に介護職員の不足が深刻化し始めています。今回はフランスにてケアテックの研究をされているフランス国立社会科学高等研究院の玉置研究員にフランスの状況についてお聞きしました。

■ フランスの介護制度と現状

フランスでは、APA（Allocation personnalisée d'Autonomie）と呼ばれる手当があり、社会扶助として介護サービスが給付される仕組みをとっています。日本のような保険制度ではありませんが、受給するには要介護度の認定を受ける必要があることや、介護度によって異なる支給限度額が定められている点は類似しています。また、日本と同様に施設・在宅ともに様々なサービスがあり、大きく分けると福祉系施設と医療系施設に分類されます。フランスでも日本と同様の課題として、運営事業者は職員不足に悩まされており、業務オペレーションの効率化が求められています。また、介護職員は、多忙で業務負担が大きいわりに、他の業種に比べて低賃金となっており、社会課題にもあげられています。

■ フランスのケアテック

こうした背景のなか、フランスでも、介護事業者によるテクノロジーの活用が進み始めました。スマートフォンやタブレットの導入をはじめ、コミュニケーションロボットやセンサーの導入など、様々な取り組みがみられます。先日訪問した施設では、コミュニケーションロボットながら、手押し棒と車輪の付いた特徴から高齢者の歩行支援も可能であるロボットについて、老人保健施設で実証実験が行われていました。歩行支援の結果はタブレットに記録し、データを分析することで、利用者のケアに活かす取り組みがみられます。

一方で、ケアテックの導入はこれからといった事業者が多いのも現状です。背景にはフランスでは日本のような導入補助金の制度はなく、事業所は導入コストをねん出するのが難しいことがあります。また、プライバシーや尊厳に関しての議論もあります。認知症高齢者の方にブレスレット型の端末を装着いただき、施設の外に出たら職員に通知する機器について、研究で利用者の自由が損なわれるのではないかといった問題が指摘されました。

■ 介護とテクノロジーのあり方

このように、テクノロジーの導入に関して議論は始まったばかりです。先日、写真家による介護施設でのコミュニケーションロボットをテーマとした取り組みがありました。高齢者とロボットとの関係性を写し出そうとしたものです。フランスでは介護は人の手によって行うものという意識が強い文化的な背景があります。様々な社会課題を解決することが期待されるテクノロジーとの向き合い方について、まさに人々が本格的に考え始めている時期に突入したといえるかもしれません。

ケアテック基礎論

ロボット・センサー編
ＩＣＴ編
通信環境構築編

ロボット・センサー編①

介護ロボットとは何か？

介護ロボットとは

　介護ロボットと聞いて、皆様は何を思い浮かべられるでしょうか？　工場や物流倉庫などで活躍している「産業用ロボット」を思い浮かべる人が多いのではないでしょうか。介護ロボットは、介護・福祉分野で様々な用途で用いられる「サービスロボット」であり、「産業用ロボット」と比べると、その形状や利用方法も広範囲にわたります。

　まずは介護ロボットの定義からみてみましょう。厚生労働省が2012年11月から行っている「福祉用具・介護ロボット実用化支援事業」において以下のように定義されています。

> 　ロボットの定義とは、以下3つの要素技術を有する、知能化した機械システム。
> - **情報を感知（センサー系）**
> - **判断し（知能・制御系）**
> - **動作する（駆動系）**
> 　このうちロボット技術が応用され利用者の自立支援や介護者の負担の軽減に役立つ介護機器を介護ロボットと呼んでいる。
>
> 出所：厚生労働省

　このように、介護ロボットの定義は幅広いため「これが介護ロボットなの？」「福祉用具や医療機器と、どう違うんだろう？」というようなロボットに遭遇することも少なくありません。見た目や使用方法に限らず、上記の定義を満たし、**介護の現場で役立つものが介護ロボットである**ことをおさえておきましょう。

■ 介護ロボットの重点分野

　次に、介護ロボットはどのような分類があるのかをみてみましょう。

　2012年11月に、厚生労働省と経済産業省が「ロボット技術の介護利用における重点分野」を策定しました。その後、2014年2月に1回目の見直しがあり、2017年10月に1分野5項目が増え、現在では合計で6分野13項目に分かれています。

　厚生労働省と経済産業省は連携して、この重点分野に基づいた介護ロボットの開発・実用化を推進しています。

介護ロボットを
取り巻く状況

■ 介護ロボットへの期待

　今後の介護を支えるツールとして、介護ロボットは様々な立場から大きな期待を受けています。

　第一は、介護に携わる側からの期待です。介護人材不足の中、人とロボットが共存する形で介護を担うことで、労働負担の軽減や業務の効率化を実現できると期待されています。例えば、装着型の移乗用ロボットを身に着けることで腰や身体への負担が軽減されたり、夜間に見守り機器を導入することで、必要な情報がリアルタイムに得られ、必要なときだけ利用者のもとを訪ねることができるなどの業務の効率化が考えられます。

　第二は、高齢者の自立や歩行支援、認知症の予

防やケア、QOLの向上といった、介護を受ける側（被介護者）の期待です。

日々の機能訓練やリハビリ、栄養ケア、日常生活の支援、医療と介護の連携などで、介護ロボットから自動的に取得され、分析されるデータが、高齢者のQOLの向上に大きく寄与されることが期待されています。

また、利用者自身が扱うツールとしても、活用が期待されています。介護を受けるには至らない人でも、高齢になれば少しずつ外出が億劫になることがあります。移動支援ロボットを使い、自身の意思で自由に出かけることができるようになれば、大きな生きがいとなり介護予防になるでしょう。

図：介護ロボットの重点分野6分野13項目

分野	項目	イメージ	説明	定義
移乗支援	装着		ロボット技術を用いて介助者のパワーアシストを行う、装着型の機器	●介助者が装着して用い、移乗介助の際の腰の負担を軽減する。 ●介助者が一人で着脱可能であること。 ●ベッド、車いす、便器の間の移乗に用いることができる。
	非装着		ロボット技術を用いて介助者による抱え上げ動作のパワーアシストを行う、非装着型の機器	●移乗開始から終了まで、介助者が一人で使用することができる。 ●ベッドと車いすの間の移乗に用いることができる。 ●要介護者を移乗させる際、介助者の力の全部又は一部のパワーアシストを行うこと。 ●機器据え付けのための土台設置工事等の住宅等への据付け工事を伴わない。 ●つり下げ式移動用リフトは除く。
移動支援	屋外		高齢者等の外出をサポートし、荷物等を安全に運搬できる、ロボット技術を用いた歩行支援機器	●使用者が一人で用いる手押し車型（歩行車、シルバーカー等）の機器。 ●高齢者等が自らの足で歩行することを支援することができる。搭乗するものは対象としない。 ●荷物を載せて移動することができる。 ●モーター等により、移動をアシストする。（上り坂では推進し、かつ下り坂ではブレーキをかける駆動力がはたらくもの。） ●4つ以上の車輪を有する。 ●不整地を安定的に移動できる車輪径である。 ●通常の状態又は折りたたむことで、普通自動車の車内やトランクに搭載することができる大きさである。 ●マニュアルのブレーキがついている。 ●雨天時に屋外に放置しても機能に支障がないよう、防水対策がなされている。 ●介助者が持ち上げられる重量（30Kg以下）である。
	屋内		高齢者等の屋内移動や立ち座りをサポートし、特にトイレへの往復やトイレ内での姿勢保持を支援する、ロボット技術を用いた歩行支援機器	●一人で使用できる又は一人の介助者の支援の下で使用できる。 ●使用者が自らの足で歩行することを支援することができる。搭乗するものは対象としない。 ●食堂や居間でのいすからの立ち上がりやベッドからの立ち上がりを主に想定し、使用者が椅座位・端座位から立ち上がる動作を支援することができる。 ●従来の歩行補助具等を併用してもよい。 ●標準的な家庭のトイレの中でも、特別な操作を必要とせずに使用でき、トイレの中での一連の動作（便座への立ち座り、ズボンの上げ下げ、清拭、トイレ内での方向転換）の際の転倒を防ぐため、姿勢の安定化が可能であることが望ましい。
	装着		高齢者等の外出等をサポートし、転倒予防や歩行等を補助する、ロボット技術を用いた装着型の移動支援機器	●使用者が一人で用いる装着型の機器。 ●自立歩行できる使用者の転倒に繋がるような動作等を検知し、使用者に通知して、転倒を予防することができる。または、自立して起居できる使用者の立ち座りや歩行を支援できる。 ●歩行補助具等を併用してもよい。

図：介護ロボットの重点分野6分野13項目

分野	項目	イメージ	説明	定義
排泄支援	排泄物処理		排泄物の処理にロボット技術を用いた、設置位置の調整可能なトイレ	●使用者が、居室で便座に腰かけて用いる便器。排泄物のにおいが室内に広がらないよう、排泄物を室外へ流す、又は、容器や袋に密閉して隔離する。 ●室内での設置位置を調整可能であること。
	排泄予測		ロボット技術を用いて排泄を予測し、的確なタイミングでトイレへ誘導する機器	●使用者が装着する場合には、容易に着脱可能であること。 ●使用者の生体情報等に基づき排尿又は排便を予測することができる。 ●予測結果に基づき的確なタイミングで使用者をトイレに誘導することができる。
	動作支援		ロボット技術を用いて、トイレ内での下衣の着脱等の排泄の一連の動作を支援する機器	●使用者が一人で使用できる又は一人の介助者の支援の下で使用できる。 ●トイレ内での下衣の着脱等の排泄の一連の動作を支援することができる。 ●トイレ内での方向転換、便座への立ち座り、清拭の支援が可能であることが望ましい。 ●トイレ内での使用者の姿勢や排泄の終了などを検知して介助者に伝えることが可能であることが望ましい。 ●標準的な家庭のトイレ内で使用可能であることが望ましい。
見守り・コミュニケーション	施設		介護施設において使用する、センサーや外部通信機能を備えた、ロボット技術を用いた機器およびプラットフォーム	●複数の要介護者を同時に見守ることが可能。 ●施設内各所にいる複数の介護従事者へ同時に情報共有することが可能。 ●昼夜問わず使用できる。 ●要介護者が自発的に助けを求める行動（ボタンを押す、声を出す等）から得る情報だけに依存しない。 ●要介護者がベッドから離れようとしている状態又は離れたことを検知し、介護従事者へ通報できる。 ●認知症の方の見守りプラットフォームとして、機能の拡張又は他の機器・ソフトウェアと接続ができる。
	在宅		在宅介護において使用する、転倒検知センサーや外部通信機能を備えた、ロボット技術を用いた機器およびプラットフォーム	●複数の部屋を同時に見守ることが可能。 ●浴室での見守りが可能。 ●暗所でも使用できる。 ●要介護者が自発的に助けを求める行動（ボタンを押す、声を出す等）から得る情報だけに依存しない。 ●要介護者が端末を持ち歩く又は身に付けることを必須としない。 ●要介護者が転倒したことを検知し、介護従事者へ通報できる。 ●要介護者の生活や体調の変化に関する指標を、開発者が少なくとも1つ設定・検知し、介護従事者へ情報共有できる。 ●認知症の方の見守りプラットフォームとして、機能の拡張又は他の機器・ソフトウェアと接続ができる。
	生活支援		高齢者等とのコミュニケーションにロボット技術を用いた生活支援機器	●高齢者等の日常生活全般が支援対象となり得る。 ●高齢者等の言語や顔、存在等を認識し、得られた情報を元に判断して情報伝達ができる。 ●双方向の情報伝達によって高齢者等の活動を促し、ADL（日常生活活動）を維持向上することができる。
入浴支援	入浴支援		ロボット技術を用いて浴槽に出入りする際の一連の動作を支援する機器	●要介護者が一人で使用できる又は一人の介助者の支援の下で使用できる。 ●要介護者の浴室から浴槽への出入り動作、浴槽をまたぎ湯船につかるまでの一連の動作を支援できる。 ●機器を使用しても、少なくとも胸部まで湯に浸かることができる。 ●要介護者の家族が入浴する際に邪魔にならないよう、介助者が一人で取り外し又は収納・片付けをすることができる。 ●特別な工事なしに設置できる。
介護業務支援	介護業務支援		ロボット技術を用いて、見守り、移動支援、排泄支援をはじめとする介護業務に伴う情報を収集・蓄積し、それを基に、高齢者等の必要な支援に活用することを可能とする機器	●共有する情報は、ロボット介護機器により得られたものとする。 ●介護サービスの内容を共有することが可能であることが望ましい。 ●共有した情報を活用して、ロボット介護機器が適切な動作を行うことが可能であることが望ましい。 ●共有した情報を、介護記録システムやケアプラン作成システム等に連結することが可能であることが望ましい。 ●連結対象のロボット介護機器の端末を一つに集約することが可能であることが望ましい。

出所：経済産業省・厚生労働省「ロボット技術の介護利用における重点分野」、国立研究開発法人日本医療研究開発機構

介護ロボットの開発と普及

　介護ロボットメーカーが介護ロボットを開発することを支援する「開発支援」と、介護事業所が介護ロボットを導入することを支援する「普及支援」の2点について、国や自治体、団体は様々な取り組みを行っています。

■ 厚生労働省による開発支援

　厚生労働省は平成24年度より「福祉用具・介護ロボット実用化支援事業」として、開発企業向けの支援として介護ロボット等の開発・実証フィールドの構築に取り組んでいます。介護現場のニーズを踏まえた開発や有効性の検証等を促進するため、開発中や販売されて間もない介護ロボット等に対する意見交換やアドバイス、モニター調査に協力する意向を示す事業所や、

開発中の介護ロボットの安全性や使用効果の評価・検証等に協力する意向を示す事業所を募集しています。

　また、令和2年度より「介護ロボットの開発・実証・普及のプラットフォーム構築事業」を行っています。

　介護現場のニーズに合う介護ロボットを開発するためには、ロボット開発の過程で、実際の使用環境に近い模擬環境でロボットの効果や安全性を確かめることが不可欠です。そのうえで、実際の使用環境での利用者の生の声を基に、機器の改良や、顧客となるターゲット群の見直し、価格設定の変更を行う等、開発の過程で適宜方針や仕様に改良を重ねます。

　この事業では、介護ロボットの評価・効果検証を実施する場として厚生労働省がリビングラボ（介護現場のニーズを踏まえた介護ロボットの開発を促進するための機関）を全国各地で指定し、介護ロボット開発企業からの相談を取り次いでいます。開発企業はリビングラボと協同

図：国や自治体・団体による開発支援

実施主体	事業名	事業内容	実施年度
厚生労働省	福祉用具・介護ロボット実用化支援事業（委託先：公益財団法人テクノエイド協会）	開発企業向けの支援として介護ロボット等の開発・実証フィールドの構築	平成24年度〜
	介護ロボットの開発・実証・普及のプラットフォーム構築事業	介護ロボット開発企業からの相談をリビングラボに取り次ぐ	令和2年度〜
	ニーズ・シーズマッチング支援事業	介護事業所において解決すべき課題（ニーズ）やロボットの開発提案に対して、開発企業（シーズ）のエントリーを募る	平成30年度〜
経済産業省・国立研究開発法人日本医療研究開発機構（AMED）	ロボット介護機器開発・導入促進事業	介護ロボットに係る基準策定・標準化介護ロボットの開発補助	平成25年度〜29年度
	ロボット介護機器開発・標準化事業	介護ロボットの効果測定・評価介護ロボットに係る基準策定・標準化介護ロボットの開発補助	平成30年度〜令和2年度
	医療機器等における先進的研究開発・開発体制強靭化事業	介護ロボットの開発補助安全基準ガイドライン策定・臨床評価ガイダンス等策定	平成30年度〜令和2年度
国立研究開発法人新エネルギー・産業技術総合開発機構（NEDO）	SBIR推進プログラム（福祉課題）（旧課題解決型福祉用具実用化開発支援事業）	高齢者の自立支援や介護者の負担軽減等に資する福祉機器の開発	令和4年度〜（旧事業では平成5年から）
公益財団法人テクノエイド協会	介護ロボットメーカー連絡会議	行政の動向及び介護ロボットに関する最新の取り組み状況等の周知、企業間等の情報共有や技術連携促進	不定期
	介護現場と開発企業の意見交換実施事業試作機器へのアドバイス支援事業	開発企業が自社製品もしくはコンセプト設計・試作段階の介護ロボット等について、介護施設等との意見交換を行う	令和元年度

して、ニーズ調査・製品コンセプト設計・模擬環境実証・実環境実証・安全性検証等に取り組むことができます。

併せて厚生労働省では「ニーズ・シーズマッチング支援事業」の取り組みを行っています。

厚生労働省は平成30年度から令和2年度まで、介護ロボットのニーズ・シーズ連携協調のための協議会（協議会）を各都道府県に設置し、着想段階から開発企業と介護現場が協議を行うことで、介護事業所において解決すべき課題（ニーズ）と、ニーズを反映したロボットの開発提案を取りまとめました。この協議会において抽出されたニーズやロボットの開発提案に対して、介護ロボット開発に興味のある開発企業（シーズ）のエントリーを募り、マッチングを支援しています。

エントリー企業は、希望に応じて介護現場やロボット技術の専門家であるマッチングサポーターから、介護現場のニーズについて詳しく聞いたり、ロボットの開発について助言を得たりすることができます。ニーズを取りまとめた介護事業所や協議会に直接ヒアリングすることも可能です。また、前出の「介護ロボットの開発・実証・普及のプラットフォーム構築事業」と連携することで、全国のリビングラボに対して開発に関する相談を行うこともできます。

■ 経済産業省による開発支援

経済産業省は介護ロボット開発を支援するため、国立研究開発法人日本医療研究開発機構（AMED）と連携しています。経済産業省は「ロボット介護機器開発・導入促進事業」を平成25年度に開始し、平成27年度からAMEDに移管して平成29年度まで継続して実施しました。続く平成30年度から令和2年度にわたって実施された「ロボット介護機器開発・標準化事業」においては、介護ロボットの効果測定・評価、介護ロボットに係る基準策定・標準化、介護ロボットの開発補助の3点を支援する事業が行われました。これらの2つの事業の成果として各種ガイドラインやハンドブック等が作成され、AMEDが運営するWEBサイト「介護ロボットポータルサイト」上にて公開されています。

令和3年度から5年度については、「医療機器等における先進的研究開発・開発体制強靭化事業」が実施されています。介護ロボットの開発補助に加え、介護ロボット開発の環境整備を目的とした安全基準ガイドライン策定・海外展開等に向けた臨床評価ガイダンス等の策定・開発成果普及の事業も行われています。

■ 民間団体の開発支援

公益財団法人テクノエイド協会は福祉用具に関する調査研究等の取り組みを行う団体です。厚生労働省からの委託を受けた「福祉用具・介護ロボット実用化支援事業」のほか、「介護ロボットメーカー連絡会議」を開催し、関係企業に対して行政の動向及び介護ロボットに関する最新の取り組み状況等について周知するとともに、企業間等の情報共有や技術連携を通じて、介

図：介護ロボットの開発・実証・普及のプラットフォーム構築事業概要

出所：介護ロボットの開発・実証・普及のプラットフォーム

護ロボット開発のための新たなイノベーションの創出に向けて取り組んでいます。

他にも、「介護現場と開発企業の意見交換実施事業」や「試作機器へのアドバイス支援事業」として、開発企業が自社製品もしくはコンセプト設計・試作段階の介護ロボット等について、介護事業所との意見交換を行い、課題や改良点及び、効果的な活用方法等について話し合いを行う場を設けています。

全国各地の自治体や民間団体も、介護機器の開発に係る助成制度を設けています。内容や補助内容は地域によって様々であり、かつ介護ロボットだけでなく他分野のものづくりも対象となる制度である場合も多くありますが、介護ロボット開発企業にとっては自社が活用できるものがあるかどうか自ら確認することが重要です。都道府県別の助成制度一覧については、前出のテクノエイド協会が調査研究を行い、HP上で「介護機器の開発に係る助成制度一覧」を公開しています。

■ 自治体の介護ロボットへの取り組み

こうした介護ロボットの活用においては、自治体も積極的に取り組んでいます。

政令指定都市の中で最も高齢化率が高い北九州市では、「介護職員の負担軽減」、「介護の質の向上や高齢者の自立支援」、「高年齢者の雇用機会の拡大」、さらには「介護ロボット産業の振興」を図るため、平成28年度から国家戦略特区を活用した取り組みを開始し「北九州モデル」として介護ロボットを活用した先端的な介護のモデルを作ってきました。

取り組みは、大きく「実証」「開発」「導入」「社会実装」の4つのフェーズで構成されています。

具体的には、まず前段階として、今までほぼ人の手によって行われていた介護現場での作業を科学的に分析し、この分析結果や介護職員との意見交換等から、機器を選定します。次に、「実証」として、選定したロボット等を使用し、効果を検証し、介護現場でのニーズを導きます。そのうえで、「開発」として、現場ニーズに即した介護ロボット機器の本開発につなげ、「導入」として実際の介護事業所での継続使用を行うとともに、使いこなすためのノウハウの提供や人材育成も行います。そのうえで、効果が裏付けられた機器として認知されるよう、科学的に定量的な評価を行い、効果が裏付けされた機器として「社会実装」につなげていくといった流れを汲んでいます。

こうした産学官民が連携した介護ロボットへの取り組みによる「先進的介護」を実現していく動きは他の自治体でも行われています。

図：北九州モデル

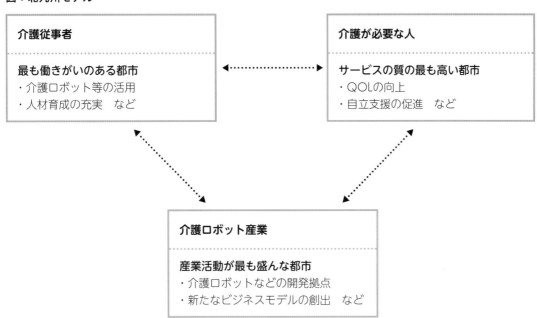

出所：内閣府「平成30年版高齢社会白書」をもとに作成

図：国や自治体・団体による補助金・助成金

補助元	事業名	補助対象	補助額
厚生労働省老健局（地域医療介護総合確保基金）	介護事業所に対する業務改善支援事業	①第三者が生産性向上の取組を支援するための費用の支援（コンサル経費の補助）②「地域のモデル施設育成」に必要と認められる経費の一部を助成	①補助上限額1事業所30万円②介護現場革新会議の設置に伴う必要経費分は全額補助、介護事業所の取組に必要な経費は上限500万円
	介護ロボット導入支援事業	①介護ロボット導入計画の実現のため介護業務の負担軽減や効率化に資するものを対象に導入支援②介護ロボット導入に伴う通信環境整備（Wi-Fi、インカム）	①補助上限額1機器30万円、移乗支援・入浴支援ロボットに関しては補助上限額100万円②上限750万円
厚生労働省職業安定局	人材確保等支援助成金ア. 介護福祉機器助成コース	介護福祉機器の導入などを通じて介護労働者の離職率の低下に取り組む事業主に対して助成を行う	機器導入助成上限額150万円、目標達成助成上限額150万円
	人材確保等支援助成金イ. 設備改善等支援コース	生産性向上に資する設備等を導入することにより、雇用管理改善（賃金アップ等）と生産性向上を実現した企業に対して助成を行う	計画期間3年タイプの最高額：計画達成助成（1回目100万円、2回目150万円）、目標達成時助成（200万円）
厚生労働省労働基準局	業務改善助成金	事業場内で最も低い労働者の賃金（事業場内最低賃金）を引上げ、生産性向上に資する設備投資等を行う中小企業事業主に対して助成	引き上げる額と引き上げる人数によって、助成上限額は25万円〜450万円
厚生労働省雇用環境・均等局	働き方改革推進支援助成金（労働時間短縮・年休促進支援コース）	中小企業に時間外労働の上限規制が適用されたことを受け、生産性を向上させ、労働時間の縮減や年次有給休暇の促進に向けた環境整備に取り組む中小企業事業主を支援	成果目標の達成状況に応じて、支給対象となる取組の実施に要した経費の一部を支給

■ 導入のための補助金・助成金、金融支援

介護事業者が介護ロボットを導入する際の購入費、及び導入に係る取り組みの費用に活用できる厚生労働省の補助金・助成金が設けられています。詳細は上の一覧をご参照ください。なお、これらの補助金・助成金は都道府県等や労働局を介して給付されます。また自治体によって、募集期間や補助額、補助率、対象サービス事業所などが異なっているため具体的な問い合わせは各担当窓口に対して行う必要があります。

その他にも、介護ロボットの導入による業務負担の軽減に取り組むことを前提とした中小企業向けの税制優遇や金融支援が存在します。

■ 介護報酬での評価

加えて厚生労働省は平成30年度介護報酬改訂において、夜勤職員配置加算の要件の見直しを行いました。介護老人福祉施設、地域密着型介護老人福祉施設、短期入所生活介護において、見守り機器の導入により効果的に介護が提供できる場合について、人員配置の最低基準を少なくしました。

具体的には、見守り機器を導入しない場合は夜勤職員の最低基準「＋1名分」の人員を多く配置していることが夜勤職員配置加算の要件でしたが、見守り機器を入所者の10％以上に設置し、機器の安全有効活用を目的とした委員会の設置と検討会の実施をしていることを条件に、最低基準の要件を「＋0.9名分」としました。

さらにこの要件は令和3年度介護報酬改訂において、ユニット型施設において見守り機器を入所者の100％に設置し、夜勤職員全員がインカム等のICTを使用することを条件に、最低基準の要件が「＋0.6名分」とするなどの新区分が加えられました。つまり、見守り機器の導入によって加算を取りやすくする仕組みが作られたということです。

■ 普及に向けた啓発活動

厚生労働省の他の取り組みとして、介護事業所における介護ロボットの普及に向けた啓発活動を積極的に行っています。

「介護ロボット地域フォーラム事業」では、介護ロボットに関するシンポジウムや介護ロボットの体験展示等を実施し、全国規模で、介護事業

所や一般の方の介護ロボットに対する理解を深めるための取り組みを行っています。

「介護ロボット普及モデル事業」では、北海道から九州までの全国9拠点において、介護ロボットの体験展示、試用貸出、使用方法の研修などを実施しました。加えて、介護ロボット試用貸出の取り組みとして、テクノエイド協会を介して介護事業所への商品化された介護ロボットの試用貸出を実施しています。

また、介護事業所が介護ロボットを導入する際の手がかりとして、厚生労働省は「介護ロボット事例集」「介護ロボット導入・活用のポイント」「介護ロボットの効果的な活用のための手引き」などのガイドラインを作成しました。

「介護ロボットを活用した介護技術開発支援モデル事業」では、特定の介護ロボットを活用した場合にどのようにすれば効果的に介護を実践できるかという具体的な方法やマニュアルを研究し、報告書(厚生労働省「介護分野における生産性向上について」より『介護サービス事業における生産性向上に資するガイドライン』)にまとめています。

■ 相談窓口の設置

介護事業所は介護ロボットの導入について直接個別に相談することもできます。厚生労働省は「介護ロボットの開発・実証・普及のプラットフォーム構築事業」の一環として介護ロボット相談窓口を全国に設けています。相談窓口では介護ロボットの体験展示が行われているほか、介護ロボットを活用した介護現場の業務改善方法の紹介や導入事例、介護ロボットの製品情報、補助金・基金の紹介等についての相談ができます。介護ロボットの試用貸出を受けることもできます。

■ 導入効果の検証

このように、介護事業所による介護ロボット導入に対する支援には様々なものがありますが、実際に導入の意思決定を行うためには、介護ロボットを導入した際の効果が明らかにされていることも重要です。そのために厚生労働省は、例えば、令和3年度では、「介護ロボットの導入

支援及び導入効果実証研究事業」を実施し、公募にて事業に参加した介護事業所に対して、介護ロボットの導入及び導入効果の検証を実施しました。具体的には夜間見守り、排泄支援等の分野について介護ロボットを導入することで、職員の業務時間や入所者のQOLにどのような変化があるかを調査しました。結果として、夜間見守りに関する実証では、見守り機器を導入することにより、ケアの質を維持・向上しながら、効率的に夜間見守り業務が行えることが明らかになりました。また排泄支援に関する実証では、排泄支援機器導入により、排泄の自立支援や排泄業務に関する職員の業務負担軽減につながる可能性が見いだされました。

このような介護ロボット導入の効果に関する検証は、自治体や各種調査機関によって自主的に実施される場合もあります。いずれの取り組みも、介護ロボットの普及を一層推進するために、介護ロボットが実際に介護現場にメリットをもたらすものであるということを客観的に証明するための取り組みです。

■ 介護ロボット開発・普及の成果

公益財団法人介護労働安定センターが実施している「介護労働実態調査」では、施設系・居住系・居宅介護支援を含む約9,000の介護事業所対象に、どのような介護ロボットやICTがどの程度普及しているかを調査しています。令和2年度の調査結果においては、何らかの介護ロボットを導入していると回答した事業所は8.5%(無回答除く)でした。最も導入率が高かったのは、主に施設において利用される見守り・コミュニケーション用途の介護ロボットであり、導入率は3.7%でした。次いで入浴支援分野の介護ロボット導入率が1.8%となっています。

介護ロボットの開発・普及について様々な支援が行われていることについて本項で取り上げましたが、上記の調査結果の通り、実際には介護ロボットの普及はまだまだ進んでいません。普及が進まない理由のうちには次ページのようなものがあると考えられます。

図：介護ロボットの導入についての実態調査（複数回答）（介護保険サービス系別）

回答事業者数に対する割合（％）

	回答事業者数	見守り・コミュニケーション（施設型）	入浴支援	移乗支援（装着型）	介護業務支援	移乗支援（非装着型）	見守り・コミュニケーション（生活支援）	移動支援（屋内型）	移動支援（屋外型）	見守り・コミュニケーション（在宅型）	移動支援（装着型）	排泄支援（排泄物処理）	排泄支援（トイレ誘導）	排泄支援（動作支援）	その他	いずれも導入していない	無回答
全体	9,183	3.7	1.8	1.5	1.3	0.7	0.6	0.3	0.2	0.2	0.1	0.1	0.1	0.1	0.5	80.6	10.9
訪問系	2,759	0.5	0.5	0.6	0.4	0.2	0.2	0.0	0.1	0.3	0.0	0.1	0.0	0.1	0.1	86.2	11.4
施設系（入所系）	1,480	16.6	5.9	5.3	3.7	3.2	2.3	0.7	0.2	0.3	0.2	0.5	0.5	0.1	1.6	60.9	9.7
施設系（通所型）	3,051	1.0	1.5	0.8	1.2	0.3	0.4	0.3	0.4	0.2	0.0	0.1	0.1	0.1	0.3	85.2	9.5
居住系	937	5.1	1.9	1.5	1.1	0.5	0.6	0.4	0.1	－	0.1	0.1	－	－	1.0	78.9	10.2
居宅介護支援	773	0.1	0.1	0.1	0.4	0.1	－	－	0.1	－	－	－	－	－	－	84.6	14.4

出所：公益財団法人介護労働安定センター「令和2年度介護労働実態調査　事業所における介護労働実態調査」

①介護ロボットメーカーが現場のニーズに即した介護ロボットを開発できていない
②介護事業所に対する介護ロボット導入支援の補助金等が十分に行き渡っていない
③介護事業所が自らの課題に即した介護ロボットを選定できていない
④介護事業所が介護ロボットの導入をスムーズに行うことができず、現場で運用が定着していない

　これらの事柄は介護ロボットの普及が道半ばであることの理由の一部に過ぎないと考えられますが、特に③④のような介護事業所側の課題を克服するために本資格試験が立ち上げられたとも言えます。本資格試験を通じてみなさんに学んでいただくことで、介護ロボットと介護現場とのギャップを乗り越えることができるようになることを強く願っております。

2

ロボット・センサー編②

介護ロボット各論

ここからは、介護ロボットの重点分野に基づいて、実際の介護ロボットにどんなものがあるのかをみていきましょう。

移乗支援

移乗支援は介護職員の移乗による負担の軽減を図ることを主な目的として開発された機器の総称であり、装着型と非装着型に分類されます。

移乗支援(装着型)の定義
ロボット技術を用いて介助者のパワーアシストを行う、装着型の機器
①介助者が装着して用い、移乗介助の際の腰の負担を軽減する。
②介助者が一人で着脱可能であること。
③ベッド、車いす、便器の間の移乗に用いることができる。

移乗支援(非装着型)の定義
ロボット技術を用いて介助者による抱え上げ動作のパワーアシストを行う、非装着型の機器
①移乗開始から終了まで、介助者が一人で使用することができる。
②ベッドと車いすの間の移乗に用いることができる。
③要介護者を移乗させる際、介助者の力の全部又は一部のパワーアシストを行うこと。
④機器据え付けのための土台設置工事等の住宅等への据付け工事を伴わない。
⑤つり下げ式移動用リフトは除く。

■ 移乗支援(装着型)の例

①HAL®腰タイプ介護支援用(CYBERDYNE株式会社)

主に、ベッドから車いすへの移乗介助や体位変換介助などで役立つ機器です。

人が体を動かすときに脳から筋肉へ送られる信号、"生体電位信号"を読みとることで、介護者の動きを支援し、腰への負荷を低減します。

操作が簡単で、2つのボタンで補助量を設定できます。コンパクトな軽量モデル(約2.9キロ)で、女性でも装着したまま長時間利用できる設計です。

②マッスルスーツEvery(株式会社イノフィス)

圧縮空気を用いた人工筋肉で、介護者の腰に

大きな負荷のかかる動きを補助します。訪問入浴介助時のベッド・浴槽間での移乗介助などで使用することが想定されています。

　車いすへの移乗介助やおむつ交換、着替えの補助など介護現場の様々な場面で活用されています。

■ 移乗支援（非装着型）の例

①移乗サポートロボット Hug T1
（株式会社FUJI）

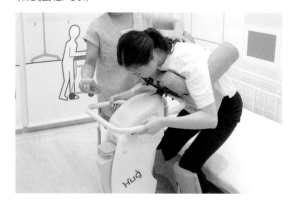

　ベッドから車いす、車いすからトイレ、といった座位間の移乗介助や、脱衣場などでの立位保持を支援します。リモコン操作によって、ロボットが被介護者をやさしく抱え上げます。被介護者の脚力を最大限に活かした介助が可能です。

　スリングシートなどを使わず、準備に手間がかからないことも特徴です。コンパクトなボディなので、トイレや個室など、場所を選ばず使用できます。

②ROBOHELPER SASUKE （マッスル株式会社）

　立位保持が難しい方や、複数人での介助が必要な方、拘縮が強い方、骨折のある方などを対象に、ベッドと様々な車いす等間の移乗介助を支援します。シートごとベッドから抱き上げるので、体圧が分散され、しっかり抱えられ、揺れのない安定した移乗となり、被介護者の心身負担が軽減されます。操作は、レバーを上下げするだけで簡単に、昇降と姿勢調整（臥位〜座位）が行え、昇降は片手でも行えるため、寄り添い見守りが行え、介護者の心身負担も軽減します。（120kgの方まで対用可能）

■ 活用事例

　移乗介護支援機器については、装着型・非装着型ともに主には介護者の移乗時の腰などの負担軽減のために開発されてきました。特に大柄な利用者を移乗する際には、介護者一人の身体では支えきれず、2人がかりで介助をする場合もあります。例えばトイレ誘導の際、移乗介護支援機器で利用者を支えることによって、介護者1人でトイレまで誘導し便座に座ってもらうことが可能となります。持ち上げない介護（ノーリフトケア）が可能となり介護者の腰の負担軽減になります。また、感染症対策における接触機会の低下にもつながります。

移動支援

移動支援は高齢者等による屋内・屋外による移動や立ち上がりなどを支援する目的として開発された機器の総称であり、屋外移動・屋内移動・装着の3つに分類されます。

移動支援（屋外移動）の定義

高齢者等の外出をサポートし、荷物等を安全に運搬できる、ロボット技術を用いた歩行支援機器

①使用者が一人で用いる手押し車型（歩行車、シルバーカー等）の機器。

②高齢者等が自らの足で歩行することを支援することができる。搭乗するものは対象としない。

③荷物を載せて移動することができる。

④モーター等により、移動をアシストする。（上り坂では推進し、かつ下り坂ではブレーキをかける駆動力がはたらくもの。）

⑤4つ以上の車輪を有する。

⑥不整地を安定的に移動できる車輪径である。

⑦通常の状態又は折りたたむことで、普通自動車の車内やトランクに搭載することができる大きさである。

⑧マニュアルのブレーキがついている。

⑨雨天時に屋外に放置しても機能に支障がないよう、防水対策がなされている。

⑩介助者が持ち上げられる重量（30Kg以下）である。

移動支援（屋内移動）の定義

高齢者等の屋内移動や立ち座りをサポートし、特にトイレへの往復やトイレ内での姿勢保持を支援する、ロボット技術を用いた歩行支援機器

①一人で使用できる又は一人の介助者の支援の下で使用できる。

②使用者が自らの足で歩行することを支援することができる。搭乗するものは対象としない。

③食堂や居間での椅子からの立ち上がりやベッドからの立ち上がりを主に想定し、使用者が椅座位・端座位から立ち上がる動作を支援することができる。

④従来の歩行補助具等を併用してもよい。

⑤標準的な家庭のトイレの中でも、特別な操作を必要とせずに使用でき、トイレの中での一連の動作（便座への立ち座り、ズボンの上げ下げ、清拭、トイレ内での方向転換）の際の転倒を防ぐため、姿勢の安定化が可能であることが望ましい。

移動支援（装着）の定義

高齢者等の外出等をサポートし、転倒予防や歩行等を補助する、ロボット技術を用いた装着型の移動支援機器

①使用者が一人で用いる装着型の機器。

②自立歩行できる使用者の転倒に繋がるような動作等を検知し、使用者に通知して、転倒を予防することができる。または、自立して起居できる使用者の立ち座りや歩行を支援できる。

③歩行補助具等を併用してもよい。

■ 移動支援（屋外移動）の例

ロボットアシストウォーカー RT.1&RT.2

（RT.ワークス株式会社）

ロボットアシストウォーカー RT.1

ロボットアシストウォーカー RT.2

RT.1/RT.2は、電動アシスト付きの歩行支援機器です。

外出をより安全、快適に行えるように、上り坂でのアシストや下り坂でのブレーキなど、路面の環境や使用者の歩行状況に合わせて、「自動で」アシストします。

■ 移動支援（屋内移動）の例

①立ち上がり補助機能付き歩行車「フローラ・テンダー」(株式会社熊谷組)

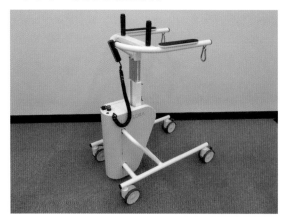

　立ち上がり補助機能がついた歩行車です。専用のスリング・ベルトを着け、ベルトのリングと本体のフックを連結することにより、電動で楽に立ち上がることができます。操作は介護者がリモコンで行います。ベルトがついているため転倒を防ぐことができます。
※歩行に対するアシスト機能はついていません。

■ 移動支援（装着型）の例

ロボティックウェア「curara®」
(AssistMotion株式会社)

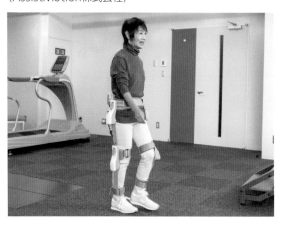

　左右の股関節と膝関節に配置されたモーターが、装着者の動きを支援します。軽量で取り扱いが容易なのが特徴です。片脚だけの支援や股関節だけの支援など簡単に構造を変更できます。装着者とロボットがリズムに合わせて歩行をすることで、歩行改善に取り組むことができます。装着者の歩き方を計測し、記録する機能がついているため、歩容の変化が一目でわかります。モ

ニタリング資料を簡単に作成することもできます。今後、歩行支援に加え、立ち座りの支援も行っていく予定です。

■ 活用事例

　移動支援機器は、電動によるサポートなどを受けることで、高齢者自身での移動・立ち上がりを支援することが可能です。特に屋外型は、坂道や段差でも、十分なサポートを受けることができるので歩行器よりも負担なく移動することが可能になります。

　また、使用者の歩行状態に合わせた自動制御機能や歩行状態のデータを自動記録する機能もついているので、リハビリや歩行訓練に使用することもできます。CHAPTER1で述べたように、介護現場ではデータに基づいた支援や、ケアに対する効果を測定することが求められています。

　以下の参考機器のように、機能訓練をサポートすることに特化した機器も出てきています。

歩行訓練に特化した例

歩行トレーニングロボットWalk training robo
(パナソニック株式会社)

ロボットを押して歩くだけで、簡単に最適なトレーニングが可能です。結果は自動計測・記録できるので、機能訓練をおこなう職員の業務負担にもつながります。

排泄支援

排泄支援は排泄物処理にロボット機能を用いたトイレなどの機器や、排泄の予測、排泄に関する動作の支援などの目的として開発された機器の総称であり、排泄支援（排泄物処理）・排泄支援（排泄予測）・排泄支援（動作支援）の3つに分類されます。

排泄支援（排泄物処理）の定義

排泄物の処理に、ロボット技術を用いた、設置位置の調整可能なトイレ

①使用者が、居室で便座に腰かけて用いる便器。排泄物のにおいが室内に広がらないよう、排泄物を室外へ流す、又は、容器や袋に密閉して隔離する。

②室内での設置位置を調整可能であること。

排泄支援（排泄予測）の定義

ロボット技術を用いて排泄を予測し、的確なタイミングでトイレへ誘導する機器

①使用者が装着する場合には、容易に着脱可能であること。

②使用者の生体情報等に基づき排尿又は排便を予測することができる。

③予測結果に基づき的確なタイミングで使用者をトイレに誘導することができる。

排泄支援（動作支援）の定義

ロボット技術を用いてトイレ内での下衣の着脱等の排泄の一連の動作を支援する機器

①使用者が一人で使用できる又は一人の介助者の支援の下で使用できる。

②トイレ内での下衣の着脱等の排泄の一連の動作を支援することができる。

③トイレ内での方向転換、便座への立ち座り、清拭の支援などが可能であることが望ましい。

④トイレ内での使用者の姿勢や排泄の終了などを検知して介助者に伝えることが可能であることが望ましい。

⑤標準的な家庭のトイレ内で使用可能であることが望ましい。

■ 排泄支援（排泄物処理）の例

①ベッドサイド水洗トイレ（TOTO株式会社）

居室内のベッド横または近くに設置する水洗トイレです。排泄後は便器を水洗するとともに排泄物を室外に排出するため、室内に臭いが広がりません。給排水管の届く範囲で、便器の設置位置を変更できます。

便器に異物を投入されても、ロックしにくいポンプを採用しています。異常状態を検知し報知する機能つきです。

②真空式水洗ポータブルトイレ キューレット

（アロン化成株式会社）

ポータブルトイレとしての利便性をそのまま残した水洗トイレです。給排水の工事が必要ないため、設置が簡単です。

排泄物を屋外に流す屋外ユニットと、屋内の密閉容器に流す室内ユニットがあり、環境によって排水方式を選ぶことができます。居室やベッド横に置いても違和感のないデザインです。

③ラップポン・ブリオ(S)

（日本セイフティー株式会社）

　水を使わないポータブルトイレです。排泄後、ボタンを押すことで、自動的に排泄物を密封個包装し処理します。排泄物は密封されるため、臭いや菌が広がるのを防止します。

　ポータブルトイレで必要なバケツ洗浄作業がなくなり、介護者の負担が軽減されます。

④シャワーパンツ　リバティひまわり

（株式会社リバティソリューション）

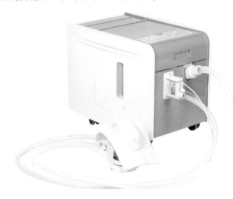

　排泄物を検知すると、自動で吸引・洗浄・乾燥を行う機器です。

　被介護者に直接装着して使用します。人工乳房にも使用される特殊シリコーンを採用しているため、長時間装着しても体に負担がありません。

　男性・女性・極端に痩せている人など、様々な体形に合わせてカップが自在に変化し、体に密着するため、尿漏れ・水漏れを防ぎます。

■ 排泄支援（排泄予測）の例

①DFree（トリプル・ダブリュー・ジャパン株式会社）

　超音波を利用して、被介護者の膀胱の変化をとらえる機器です。「そろそろ」（トイレ誘導の目安）と、「出たかも」（排尿後のパッド交換の目安）の2種類の通知が届きます。

　尿のたまり具合の推移をグラフで表示する機能や、過去の排尿パターンを自動で分析する機能があり、排泄介助の改善に役立てます。

②Helppad（株式会社aba・パラマウントベッド株式会社）

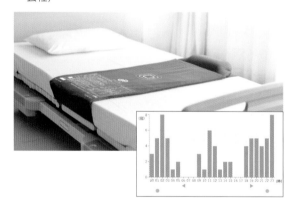

　「におい」で尿と便を検知するセンサーがついた機器です。身体に装着せず、ベッドに敷いて使用します。センサーが排泄を検知すると、おむつタイミング通知が届きます。システムでおむつ漏れのリスクを判断し、介助へ行く順序を提案します。記録されたデータによって、おむつ交換の推奨時間を提案する機能もついています。

③リリアムスポット2 (株式会社リリアム大塚)

超音波により、非侵襲的に膀胱内の尿のたまり具合の目安を10段階の目盛り表示で確認できる製品です。本人もしくは介護者がトイレ（誘導）のタイミングかどうか確認できます。

音声ガイダンスと音で操作をナビゲートすることにより、ボタン1つで操作することが可能です。

SATOILET (サットイレ) (株式会社がまかつ)

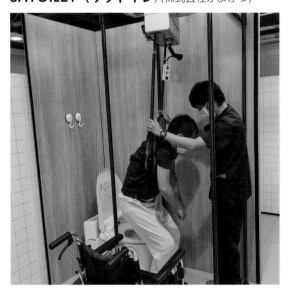

支援されながらも自力で歩行が可能な要介護者向けの排泄支援機器です。簡単な装着でさっと使え、負担が少なく安全に支える「体幹支持具」や、カーボンパイプでしなやかに体を支える「支持アーム」によって、着座姿勢が安定するため、排泄を見守る心配がなくなり、要介護者の精神的ストレスの軽減につながります。また介護をする側にとっても、リフト・立位保持・移乗

時での足腰等の身体的負担を大幅に軽減します。最低2人の介護者を必要とするような介助場面にて、1人での介助を可能とするので、介護現場の時間と労力の軽減につながります。

排泄支援は、排泄物の処理や排泄動作に関する支援だけでなく、排泄予測分野も含めて広く活用されています。特に排泄予測分野の機器は、自立支援においての活用も期待されています。例えば、尿意を感じず日中オムツを着用している利用者に対して機器を使用することで、適切なタイミングでトイレ誘導をすることができます。失禁を防げれば、排泄の自立度をあげることにつながります。

また排泄予測分野の機器は、予測に限らず排泄自体を感知することが可能な場合もあります。介護者は排泄を感知することで、排泄後早期にオムツ交換ができ、尿や便のぬれによる被介護者の肌荒れを防ぐことも可能となります。

さらに施設介護ではオペレーションの効率性を高めるうえでも有用です。センサーが取得した利用者の排泄のパターンデータに基づいて、オムツ交換のオペレーションを組み替えることで、今までのような定時でのオムツ交換ではなく、必要なタイミングで必要な人の介助に入ることができます。

その一方で、排泄予測の分野はセンサーの適用者が限られている場合や、尿の検知に限られている、尿と便の区別ができないといったような機器ごとの制限などもあります。これからの発展が期待されるところですが、今まさにメーカーが機能進化に向けて研究を進めており今後も目が離せない分野です。

見守り

見守りとは、センサーや外部通信機能を備え、被介護者の状態や、転倒などの異変を感知し、画面に表示したり職員に通知を送ったりすることができる機器やプラットフォームのことです。

施設と在宅にわかれ、睡眠状態や呼吸・心拍などの検知ができる睡眠型センサーや、遠隔から確認ができるカメラ型センサーなど様々なものがあります。

見守り(施設)の定義

介護施設において使用する、センサーや外部通信機能を備えた、ロボット技術を用いた機器およびプラットフォーム
①複数の要介護者を同時に見守ることが可能。
②施設内各所にいる複数の介護従事者へ同時に情報共有することが可能。
③昼夜問わず使用できる。
④要介護者が自発的に助けを求める行動(ボタンを押す、声を出す等)から得る情報だけに依存しない。
⑤要介護者がベッドから離れようとしている状態又は離れたことを検知し、介護従事者へ通報できる。
⑥認知症の方の見守りプラットフォームとして、機能の拡張又は他の機器・ソフトウェアと接続ができる。

見守り(在宅)の定義

在宅介護において使用する、転倒検知センサーや外部通信機能を備えた、ロボット技術を用いた機器およびプラットフォーム
①複数の部屋を同時に見守ることが可能。
②浴室での見守りが可能。
③暗所でも使用できる。
④要介護者が自発的に助けを求める行動(ボタンを押す、声を出す等)から得る情報だけに依存しない。
⑤要介護者が端末を持ち歩く又は身に付けることを必須としない。
⑥要介護者が転倒したことを検知し、介護従事者へ通報できる。
⑦要介護者の生活や体調の変化に関する指標を、開発者が少なくとも1つ設定・検知し、介護従事者へ情報共有できる。
⑧認知症の方の見守りプラットフォームとして、機能の拡張又は他の機器・ソフトウェアと接続ができる。

■ 見守り(施設)の例

【睡眠型センサー】
①眠りSCAN (パラマウントベッド株式会社)

居室での睡眠・覚醒・起き上がり・離床および就床時の呼吸・心拍数を、リアルタイムに一覧表示できる。居室での被介護者の様子がわかるので、職員の少ない夜間も入居者の状態に合わせた介護・見守りが可能になる。

測定したデータは自動で機器本体の内蔵メモリーに記録。データの閲覧・管理は、PCやスマートフォンで行える。

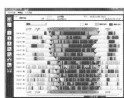

睡眠状況・生活習慣を確認でき、測定データから睡眠日誌などを自動作成することも可能。家族や職員同士の情報共有にも活用できる。

「眠りSCAN」は、本体をマットレスの下に敷いておくだけで、被介護者の体動(寝返り、呼吸、脈拍など)を検出し、睡眠・覚醒・起き上がり・離床といった居室内における状態を把握できる機器です。測定したデータはパソコンや携帯端末にも通知され、全入居者を一括で見守ることができるため、訪室タイミングや訪室順序をはかりやすくなります。また、測定データをもとにした睡眠日誌や呼吸・心拍日誌を利用して定期的に睡眠状態を分析することで、日中や夜間のケアプランに活かし、被介護者の生活の質を向上させることができます。

■ 眠りSCANの導入事例

本機器を一斉導入した社会福祉法人善光会の特別養護老人ホーム「フロース東糀谷」では、導入前・導入後にて「眠りSCAN」の測定評価を行いました。以下は見守り機器が介護サービスや介護オペレーションに、どのようなインパクトを与えていくのかを考察したものです。

検証は、以下の効果を想定して行われました。

≫ サービス(利用者への効果)
- 睡眠の効率、寝つき、寝起きがよくなる
- 食事の意欲がわく
- 生活リズムが良くなり、日中の活動が増す
- 生活意欲や社会参加意欲がわく

≫ オペレーション(職員への効果)
- 夜間帯を中心とした見守り業務の効率化
- 就寝介助の効率化
- 精神的負担の軽減
- 睡眠や食事に関するアウトカムによる業務意欲向上

検証結果

「眠りSCAN」を導入した結果、半数以上の利用者にサービスに対する効果が見られ、QOLの向上に大きくつながったものもありました。

代表的な事例としては①就床・起床時間を整えて睡眠の質を改善したケースや、②日中の活動性や自立度が向上したケースがみられました。

また、オペレーションにおいては、職員の負担軽減や意欲向上につながっていることが確認できました。また当初想定していた、利用者の睡眠効率向上や生活改善、職員の業務負担軽減に加えて、いくつかの副次的な効果も確認できました。

職員アンケート

また職員にアンケートをとった結果、「眠りSCAN」導入により就寝中の利用者の状況を

Case1:就床・起床時間を整えて睡眠の質を改善
〈改善内容〉生活リズムの乱れが睡眠の乱れにつながっているため、十分眠くなってから就床し、毎朝決まった時刻に起床する。
〈サービス(利用者への効果)〉就床・起床時刻が規則正しくなり、睡眠効率も上がり毎朝の寝起きが良くなった。

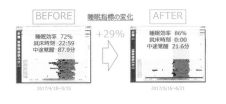

Case2:日中の活動性や自立度が向上
〈改善内容〉日中昼寝が多く、夜間の睡眠に影響を与えていることから、15時以降は昼寝防止のためデイルームでの滞在を増やす。
〈サービス(利用者への効果)〉
日中の活動性が向上し、自身で車いすへ移乗して行動できるようになった。食欲も増え、完食されるようになった。
〈オペレーション(職員への効果)〉
移乗介助や食事介助に関する職員負担が少なくなった。

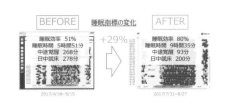

知ることができ、訪室タイミングの調整やナースコールへの対応などが、スムーズにできるようになったという結果が出ました。また、「居室内での利用者の様子がわからない」「不穏行動の原因がわからない」などの介護職員の不安感が減少し、訪室動線を最適化することによる直接的な負担軽減効果も確認でき、さらにケアの効果を実感できることで、職員のモチベーションが向上したこともわかりました。

図：「眠りSCAN」導入後の職員アンケート

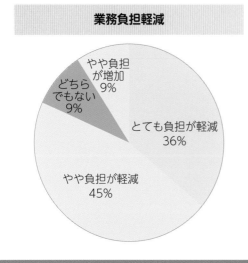

業務負担軽減

やや負担が増加 9%
どちらでもない 9%
とても負担が軽減 36%
やや負担が軽減 45%

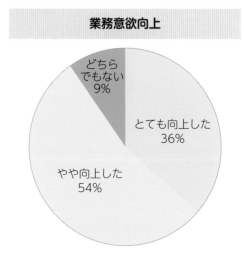

業務意欲向上

どちらでもない 9%
とても向上した 36%
やや向上した 54%

その他の代表的な睡眠型センサー

②aams
（株式会社バイオシルバー）

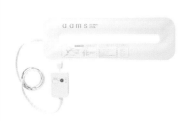

心拍、呼吸、体動、離着床、睡眠の状態などを離れた場所から見守ることができる、マット型の見守り支援介護ロボットです。訪室の合間も利用者の様子を見守ることで、見守りのサポートを行います。

③まもるーのSHIP
（株式会社ZIPCARE）

本体とベッドのマットレス下に設置したセンサーで、利用者の睡眠・離床、部屋の環境（温度・湿度・気圧・照度）を的確にとらえ、職員は部屋に行かなくても利用者の状態を把握することができます。さらに離床やバイタル・室温などの、様々な変化通知をスマートフォンやPCで受け取ることができます。

④見守りセンサー ANSIEL
（積水化学工業株式会社）

マットレスの下に敷いて使用する独自開発センサーです。転倒予防に寄与する起き上がりの検知を得意とし、それ以外にも心拍・呼吸など合わせて8つの状態を把握することで安心・安全な見守りをサポートします。

【カメラ型センサー】
⑤ペイシェントウォッチャープラス
（株式会社アルコ・イーエックス）

ペイシェントウォッチャープラスは、常に利用者やベッド周りを見守り、数秒間隔で現在の画像をPCやタブレット、スマホの画面に表示します。この画面を適宜観察することで、居室に行かなくても状況を把握できるようになり、介護者の負担を軽減します。利用者のプライバシーに配慮し、表示画質を切り替えることも可能です。また、利用者の離床・起床などの動きに合わせて音とアイコンで通知する画像解析機能をもっています。オプション機能の非接触型のバイタルレーダーセンサーで呼吸や脈拍を計測・通知することや、ナースコールとの連携も可能です。在宅介護でも利用できます（※介護保険適用）。

■使い方

ペイシェントウォッチャーは表示を見るだけで文字を読まなくても直感的に十分な情報を得られるように設計されています。一般的なテレビやモニタなどの画面に常に表示して、通知が届いたときや居室の様子が気になったときに観察することで、通常の介護業務を妨げることなく、業務の軽減につなげることができます。

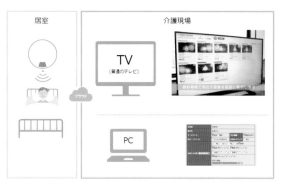

■プライバシーを保護するための機能

プライバシーを保護するために画面の表示方法を選択できます。

プライバシー1（標準）

プライバシー2（モザイク）

プライバシー3（ぼかし）

発生時のみ表示

■お知らせ機能

画像を解析して、利用者の動きを音とアイコンで通知します。文字を読む必要がなく、直感的に理解できるようになっています。

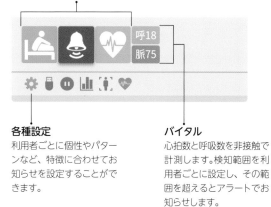

各種設定
利用者ごとに個性やパターンなど、特徴に合わせてお知らせを設定することができます。

バイタル
心拍数と呼吸数を非接触で計測します。検知範囲を利用者ごとに設定し、その範囲を超えるとアラートでお知らせします。

■呼吸・脈拍

人体に無害な24GHz帯の電波を使って、利用者の呼吸数と脈拍数を検出します。非接触型なので、体に負担をかけずに検出が可能です。異常があれば音とアイコンでお知らせします。また、呼吸数と脈拍数のグラフでの表示や、睡眠状態グラフも表示することが可能です。

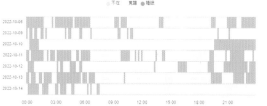

その他の代表的なカメラ型センサー

⑥シルエット見守りセンサ
（キング通信工業株式会社）

見守られている方が、見守られていることを意識しないデザインのカメラ型センサーです。利用者の動きをプライバシーに配慮したシルエット動画で判別し、ベッドからの起き上がりやはみ出しを検知します。介護職員のスマートフォンなどに通知することで、ベッドからの落下や徘徊を未然に防ぎます。

⑦ネオスケア
（ノーリツプレシジョン株式会社）

3次元電子マットを用いた極めて精度の高い予測型見守りシステムと、人間による繊細な見守りを融合することで、今までできなかった見守りを可能とする革新的な介護ロボット機器です。利用者の状態を離れていてもスマートフォンで確認できるため、人手不足が深刻な介護現場の業務負担を軽減することができます。

⑧A.I.Viewlife
（エイアイビューライフ株式会社）

個人情報やプライバシーを保護した画像で、拘束しない見守りを実現。赤外線センサーと生体センサーが、居室全体を終日検知・通知・記録することで、重大事故を防ぎ、不要な訪室を減らします。居室画面を見ながら直接声をかける「声かけ」機能や、音声合成による自動「声かけ」機能、モバイル間通話機能などが、介護業務のあり方の変革を後押しします。

【複合型センサー】
⑨HitomeQ ケアサポート

（コニカミノルタQOLソリューションズ株式会社）

　HitomeQ ケアサポートは、行動分析センサーとスマートフォンで介護業務を支援します。利用者の行動に基づいた映像通知により、利用者と居室の状況全体を手元で確認できます。ケアコール(ナースコール)機能があるため、押下対応や利用者への声掛けもスマートフォンで対応可能です。また、利用者の行動があったときのみ映像が見えるようにしており、利用者のプライバシーにも配慮しています。ケア記録の入力、職員間での情報共有もできるため、バックヤード業務の負担を削減できます。

■映像通知による状況把握

| 1 | 利用者の行動を起点に通知 | 2 | 映像通知で"見てかけつけ" |

　居室の天井に取りつけたセンサーで利用者の行動を分析します。起床/離床/転倒・転落などの注意行動を認識すると、スマートフォンへ映像とともに通知します。ケアコールや利用者の行動を起点に、居室の状況を手元で確認できるため、急いで訪室する、準備してから訪室する、声掛けのみで訪室しないといった判断が可能です。

■転倒動画のエビデンス

行動分析センサーが転倒・転落を認識すると前後1分間を自動で録画します。転倒・転落の発生状況が正確に把握でき、医師への説明、報告書作成や利用者家族への連絡に活用することができます。また転倒動画から原因を分析、再発防止策に役立てることができます。

■記録の効率化

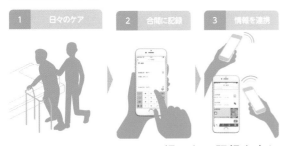

スマートフォンからその場でケア記録や申し送り、連絡事項等を入力し、他の職員へリアルタイムに共有できます。情報伝達のために他の職員を探し回る時間や、連絡の遅れによる行き違い、転記ミスを削減します。

⑩LIFELENS（パナソニック株式会社）

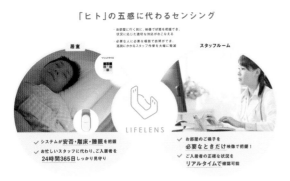

体動センサーと映像センサーの組み合わせにより、介護職員がこれまで訪室でしか把握できなかった利用者の状況を、リアルタイムで遠隔から確認することができます。アラート発生時やナースコールの呼び出し時など、確認が必要なときにケアの現場から端末で様子をチェックできるため、訪室に頼らない効率的な巡視オペレーションが可能になり、夜勤職員の業務をサポートします。

【在宅特化型】
⑪いまイルモ（株式会社ソルクシーズ）

複数のセンサーを使い、被介護者の生活状況をスマートフォンで把握できます。カメラを使わず、被介護者のプライバシーに配慮しながらきめ細かい生活データを取得できます。

クラウドサービスを利用したシステムなので、家族だけではなく訪問介護職員・ケアマネジャー・福祉担当者など多職種間でのデータ共有が可能です。地域包括ケアシステム構築のツールとして活用しているケースもあります。

実用的なデータと尊厳に焦点を当てる例

Tellus
（テラス・ユー・ケア合同会社）

非ウェアラブルかつ非映像技術を使い、居室内のコンセントに繋ぐだけで、高齢者の心拍数、呼吸数、睡眠、転倒などをモニタリングするデバイスです。最先端のAIを搭載したデバイスにより、バイタルサインや活動量など実用的な健康情報とリアルタイムの通知を提供し、ケアの質と業務効率を向上させます。

■ 活用事例

見守り分野は介護現場において、効果が高く最も導入が進んでいる分野といえます。

特に介護施設では、見守り機器の導入が、夜間の巡回業務における職員の負担軽減につながり

ます。巡回は通常、すべての居室を訪室して、異常の有無・安否の確認を定期的に行います。しかし、睡眠の状態やバイタル値を把握できる見守り機器を導入すれば、画面上で利用者の状態がわかるので、必ずしもすべての居室を廻る必要はなくなります。

利用者の側からは、介護職員の訪室で睡眠を邪魔されなくなるというメリットがあります。さらに取得した睡眠データをもとに、利用者の効果的な生活改善を図ることもできます。

また、事故の抑止・事故の検証にも有用です。カメラ型のセンサーであれば、利用者の離床があった際、映像で直ちに状態確認ができるので、緊急であることを察知したら、すぐに訪室することで転倒などの事故を未然に防ぐことができます。自動録画機能を持つセンサーもあるため、事故が起こった際には、再発防止につなげることができます。

参考資料

■ HitomeQ ケアサポートの導入事例

本機器を導入した社会福祉法人善光会の特別養護老人ホームフロース東糀谷では、HitomeQ ケアサポートを導入し夜間帯の見守りに関するワークフローの改善に取り組みました。

それまで使用していた従来型の離床センサーでは、センサーからの発報として音が鳴った際には必ず駆けつけることが必要でした。そのため、他の利用者の排泄介助など他の業務を行っている場合には、一度手を止めて訪室しなければならず、実際訪室して確認してみても、利用者は落ち着いていて特に何もなかったことも多くありました。

HitomeQ ケアサポートの導入後は、センサーが発報した場合には、スマートフォンのアプリケーションを通して映像を確認することができます。そのため、本当に訪室が必要な際だけ駆けつければ良いので、不要な訪室をなくすことができ、業務の効率化や職員の負担軽減につながりました。

他の作業中に居室内センサーが発報したケース

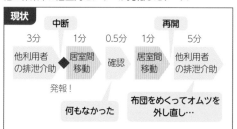

また、それ以外にも以下のような改善を行うことができました。

①定期巡回はモニタリングに変更	②センサーからの通知による訪室	③職員間で対応状況を共有
モニタリングによる対応を基本とするようにオペレーションを変更。睡眠型センサーと組み合わせて、バイタル値による安否確認も行い、定期巡回は廃止。	離床や立ち上がりだけでなく、居室内転倒や安否確認（呼吸による胸の動きを認識）、ナースコールの呼び出しなどの全てがスマートフォンで管理可能となり、通知に基づいた訪室を行うように変更。	どの職員がスマートフォンの通知に対応したか、アプリケーションが自動記録するため、職員間での共有が可能となる。インカムと併用し職員間でのコミュニケーションやフォローが進み、対応漏れがなくなる。

コミュニケーション

コミュニケーション支援とは、高齢者等とのコミュニケーションにおいてロボット技術を活用した機器の総称です。高齢者等の言葉や表情などを認識する機能を備えていたり、情報伝達や双方向での会話が可能になっていたりするものもあります。ADLの維持向上を目的に、レクリエーションやリハビリ・機能訓練において活用されます。

> **コミュニケーション支援の定義**
>
> 高齢者等とのコミュニケーションにロボット技術を用いた生活支援機器
> ①高齢者等の日常生活全般が支援対象となり得る。
> ②高齢者等の言語や顔、存在等を認識し、得られた情報を元に判断して情報伝達ができる。
> ③双方向の情報伝達によって高齢者等の活動を促し、ADL（日常生活活動）を維持向上することができる。

■ コミュニケーション支援の例

①Pepper
（ソフトバンクロボティクス株式会社、株式会社ロゴス）

©SoftBank Robotics

歌やダンスなどのレクリエーション機能を搭載できる、ソフトバンクロボティクスの人型ロボット「Pepper」です。回想法のように、認知機能の向上につなげられるような会話や、顔認証システムによって、個人ごとのレクリエーション・リハビリテーションを実施することができます。

※「Pepper」はソフトバンクロボティクスの登録商標です。

②PALRO （富士ソフト株式会社）

コミュニケーションロボットとして全国各地の高齢者福祉施設で活躍しています。人の顔と名前を100人以上おぼえ、PALROから名前を呼びながら積極的に話しかけるなど、自然な会話感でコミュニケーションをとります。

日常会話だけでなく、体操のインストラクターやレクの司会進行など高齢者とのコミュニケーションに適した様々なことができます。

あらかじめ設定された時間や人に、特定の声かけをすることで、高齢者の生活機能改善やQOL向上、スタッフの時間的・精神的負担軽減に役立ちます。

③NAO （ソフトバンクロボティクス株式会社） Link& Robo for ウェルネス（三菱総研ＤＣＳ株式会社）

※「NAO」はソフトバンクロボティクスの登録商標です。

ソフトバンクロボティクスの小型二足歩行ロボット「NAO」は、高齢者施設向けのコミュニ

ケーションロボットです。人間らしい柔軟な動きが可能で、利用者と一緒に体操やヨガなどを行います。

対話機能で収集したコミュニケーション記録を専用タブレットで参照できるので、利用者への個別ケアに活かすことができます。

④Sota（ヴイストン株式会社）&ロボコネクト（NTT東日本）&Sota レク（キューアンドエー株式会社）

Sota.

※Sota（ソータ）はヴイストン株式会社の登録商標です。

ロボコネクト付加アプリケーション「Sota レク」を通して、体操や歌など、毎日のレクリエーションが充実する様々なコンテンツが提供されます。モニターに映るコンテンツ映像にあわせて、Sotaが動いたり、話をしたりします。レクリエーションの補助や自動進行も可能です。

⑤LOVOT ［らぼっと］（GROOVE X株式会社）

ペットのように、人がお世話することで愛をはぐくむ存在として作られた家族型ロボットです。人の顔を覚え、懐き、目を合わせたり、後ろからついてきたりします。安心感があり触れやすい丸いフォルムで設計され、生き物のような体温があります。

■ 活用事例

コミュニケーションロボットの分野では、主に利用者との会話による不安解消やレクリエーションにおいての活用が進んでいます。

利用者の不安解消においては、介護職員に代わってロボットによる声掛けや対話をすることで、気持ちを落ち着かせる効果につながります。またレクリエーションにおいては、体操や歌などをロボットが進めてくれるので職員の進行がなくても、自動でレクリエーションを実行することが可能になります。

今後は、会話やレクリエーションに限らず、利用者の異変を察知するセンサー・カメラを備えたロボットや、表情判断や言葉などを自動記録・分析する機能を備えたロボットなども期待されています。コミュニケーション分野においても、データに基づいて利用者の生活改善に活かすことが期待されています。

入浴支援

主に浴槽に出入りする際の動作の支援や、入浴に関する介護職員を補助する機器です。

■ 入浴支援の例

①バスリフト（TOTO株式会社）

浴槽にとりつけたシートが電動で昇降し、浴槽内での立ち座りや出入りを支援します。1人で立ち座りができない人、浴槽をまたぐ動作が不安な人なども座ったまま入浴できます。電動で昇降するので、腰や膝への負担が軽減されます。

②バスアシスト
（株式会社ハイレックスコーポレーション）

シャワーホースを本機のコントローラーに接続し、電力ではなく水圧を利用して昇降するしくみなので感電や充電の心配がありません。

座面が回転するため、シャワーチェアからの移乗や浴槽をまたぐ動作が容易です。7.8kgと軽量のため、簡単に取り外しができます。

③wellsリフトキャリー
（積水ホームテクノ株式会社）

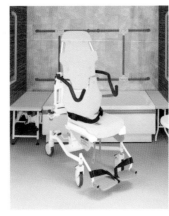

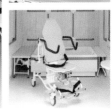

シャワーキャリー本体とリフトが一体型になっているため、脱衣室から浴槽の出入りまで乗り換える必要がありません。座面の高さが調整できるので、立ち座りの動作や洗体動作の負担が軽減します。

リフトを使用しないときは専用レールを収納することで移乗台として使用できます。

背もたれの一部を傾けられるチルトタイプもあります。包み込まれるような姿勢になり、より深く湯に浸かることができます。今まで、前倒れや横倒れしやすいために、シャワーキャリータイプの機械浴で2人介助になっていた方も、wellsリフトキャリーチルトならば安定して座れ、1人介助が行えます。

④シャワーオール

（エア・ウォーター株式会社）

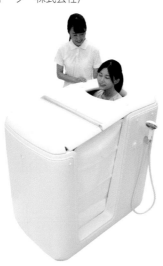

シャワー式の入浴装置です。浴槽のまたぎが15cmと低いため、通常のバスタブをまたぐのが難しい人でも、浴槽内の手すりを使って自分でまたぎ入浴できます。転倒リスクが軽減され、被介護者の自立支援につながります。浴槽内で体を洗い、そのまま入浴できるので、浴室内を行ったりきたりする必要がありません。

入浴介助を変革する洗身支援機器

ピュアット
（株式会社金星）

極微細気泡の力で体を洗浄する装置です。こすり洗いやボディソープがいらないため、介護者の負担軽減と被介護者の肌への負担軽減を実現できます。コンパクトなポータブルタイプなので、設置工事の必要がありません。

■ 活用事例

入浴支援の分野においては、職員の負担軽減はもちろんのこと、利用者主体の入浴を可能にするという自立支援の点においても機器が活用されています。入浴は、清潔を保つだけでなく、血流促進など身体面への効果や、気持ちをリラックスさせる精神面への効果など、QOLにつながる重要な役割を持っています。

参考資料

■ ピュアットの導入事例

社会福祉法人善光会特別養護老人ホームフロース東糀谷では、全入浴フロアに導入を行いました。導入したことで様々な効果が得られています。

● 利用者の清潔維持

洗身時に手が届きにくいところの汚れを落とすことが可能になりました。身体に拘縮がある利用者の脇などにも泡が届くことで、清潔に保つことが可能です。

● 利用者の皮膚へのダメージの軽減

必ずボディソープをつけてゴシゴシこすり洗いをしなくても極微細気泡が循環した浴槽につかるだけで汚れが落ちるので、皮膚の弱い要介護者の皮膚剥離や、皮膚のあれを防ぐことにもつながりました。

● 利用者の心理的負担軽減

今までのように長い時間こすり洗いをしなくてもよいので、早く浴槽につかれるようになり、裸になって寒さを感じることで入浴を嫌がる方の、心理的な負担の軽減になりました。

図：ピュアットの洗浄効果

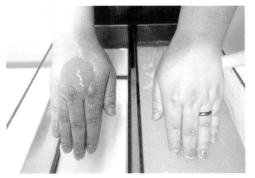

※湯温：40℃　湯量：45ℓ　時間：30秒
擬似汚染物質：水、コハク酸ジエチルヘキシル、マイクロクリスタリンワックス等の混合物に着色料を加えたもの

● 洗身時間の短縮

　こすり洗いをしなくてもよいことで洗身の時間が少なくなり入浴介助時間の短縮になりました。導入後の効果測定時のデータでは、約30％の介助時間の削減になったケースもみられました。短縮した時間は、その分希望する方に長く浴槽につかっていただくことも可能になりました。

介護業務支援

　様々な介護業務に関するロボットからの情報などを収集・蓄積し、介護業務に活用することを可能とする機器等のことです。介護記録システムやケアプランなど他のシステムとも連携することも含みます。

介護業務支援の定義
　ロボット技術を用いて、見守り、移動支援、排泄支援をはじめとする介護業務に伴う情報を収集・蓄積し、それを基に、高齢者等の必要な支援に活用することを可能とする機器
①共有する情報は、ロボット介護機器により得られたものとする。
②介護サービスの内容を共有することが可能であることが望ましい。
③共有した情報を活用して、ロボット介護機器が適切な動作を行うことが可能であることが望ましい。
④共有した情報を、介護記録システムやケアプラン作成システム等に連結することが可能であることが望ましい。
⑤連結対象のロボット介護機器の端末を一つに集約することが可能であることが望ましい。

■ 介護業務支援の例

SCOP Now（社会福祉法人善光会）

　介護現場で使われる介護ロボット・IoTセンサーから収集されるデータを集約し、1つのアプリケーションで一元的に閲覧・通知受けができます。多様な情報を得るために、多くのアプリケーションやインターフェースの見方を覚えたりアクセスする必要がなく、一元的に現場の状況がすぐにわかります。

■ 活用事例

　介護業務支援は、介護ロボットからの情報を単に集めるだけではなく、介護職員が日々記録している介護記録や、ケアマネジャーが作成するケアプランとの連結が可能です。被介護者の状態に合わせて行われた介護サービスの内容が、ケアプランにフィードバックされることで、自立支援と業務効率改善につなげることができます。

　また、一部の見守り機器やICT・介護請求システムなどにおいても、複数の介護ロボット機器と連携し情報を一元管理できる、介護業務支援に類似する機能を付加する動きがみられます。

　機器の連携によるデータの集約・一元管理は、今後ますます必要となっていくでしょう。

その他のロボット・機器

　ここまで取り上げてきた介護ロボット重点分野に限らず、介護現場においては様々なロボット・機器が活用されています。ここでは代表的ないくつかのものをみてみましょう。

■ 掃除ロボット

①ロボットクリーナRC300DZ

（株式会社マキタ）

　業務用の掃除ロボットです。バッテリの容量が多いため、広い範囲を掃除できます。大型のブラシがついていて清掃機能も高く、すみずみまできれいにしてくれます。

②Whiz i （ソフトバンクロボティクス株式会社）

©SoftBank Robotics

　「Whiz i」は、床清掃を目的とする自律走行が可能な乾式バキュームクリーナーの除菌清掃ロボットです。自動運転技術を活用し、Whiz iが自律的に清掃を行います。

※「Whiz i」はソフトバンクロボティクスの登録商標です。

③ブラーバ ジェット m6 （アイロボット）

　ジェットスプレーで水を噴射しながら床の拭き掃除を行うロボットです。ナビゲーションシステムによって、部屋の広さや形状を正確に把握し、どこまで拭いたのか、これからどこを拭くべきかを考えながら、規則正しく効率的に清掃します。

■ 在庫管理

スマートマットクラウド

（株式会社スマートショッピング）

　体重計のような形の在庫管理支援機器です。オムツなど介護用の各種備品を、直接機器の上に置くだけで在庫が計測できます。在庫の重さをセンサーが自動検知し、残量を自動記録します。重さの増減検知を利用して自動発注を行えるため、在庫管理業務の無人化が実現できます。

■ 服薬支援

服薬支援ロボ（ケアボット株式会社）

　服用の時間になると、音声と画面で通知されます。時間外には薬が出ないため、飲みすぎや薬の取違いを予防できます。服薬履歴は4週間管理可能です。自身で服薬管理し続けられるため、服薬支援をするとともに、服薬の自立支援を促すことにつながります。

■ 面会支援

テレプレゼンスシステム　窓

（一般社団法人恩送り、SRE AI Partners株式会社）

　等身大の画面を通じて、遠隔における2者間でのコミュニケーションができます。感染症対策時における離れた場所からの遠隔面会や、介護事業所と集いの場をつないだレクリエーションなど様々な利用が可能です。

■ 歩行分析

CareWiz トルト（エクサホームケア株式会社）

　理学療法士の知見を基に開発されたアプリケーションです。被介護者の歩行の様子を動画に「撮る」と、AIが歩行状態の分析を行います。解析結果は、本人や社内外の多職種と共有することができ、アセスメントにも役立ちます。

■ その他

①Ninebot S-PRO (Segway-Ninebot)

　介護職員の移動支援機器です。夜間のフロア内移動に利用でき、夜勤者の総歩行距離の削減に役立ちます。見守りセンサーからの離床などの通知の際に、離れた場所へも素早く移動可能です。操作が簡単で、初めてでも安心して使えます。

②OPENRUN (Shokz)

　骨伝導型イヤホンなので、両耳をふさがずに音を聞いたり話したりすることが可能です。bluetoothで接続することで、スマートフォンを持たなくとも、介護業務中の通話や、センサーなどのアプリケーションの通知を受けることができます。

③Dyson Supersonic Ionicヘアドライヤー
(ダイソン)

　風圧と気流をバランス良くコントロールすることで、髪を速く乾かすだけでなく、過度な熱から髪や頭皮を守ります。細い髪やデリケートな頭皮にもやさしい低温の風で短時間に髪が乾くので、高齢者の方の入浴介助業務の効率化につながります。

介護 ICT とは何か？

皆様は、ICTという言葉を聞くと、どのようなものを想像されますか？ LINEなどのSNS、スマートフォンを使ったビデオ会議アプリでしょうか？ それともケアプランや介護記録を入力する介護ソフトでしょうか？ ここでは、介護業界でこれからますます重要となるICTについて詳しく解説します。

介護ICTとは

昨今、ニュースや新聞など様々な場面でICTという言葉を耳にするようになりました。ICTとは、「Information and Communication Technology（情報通信技術）」の略で、通信技術を活用したコミュニケーションを指します。過去から使われてきたIT（Information Technology」に「Communication（通信、伝達）」という単語が加わり、ITよりも通信によるコミュニケーションの重要性を強調した言葉です。そのため、単なる情報処理にとどまらず、ネットワーク通信を利用した情報や知識の共有を重要視しています。

その中で、「介護ICT」とは、介護事業所や介護職員にとって有益なICTの総称です。

介護報酬の請求業務や、ケアプラン・介護記録などを管理するいわゆる「介護ソフト」はもとより、職員同士や多職種間の情報連携時に利用する「ビジネスチャット」、オンライン面会やオンラインサービス担当者会議などに利用する「WEB会議ツール」、利用者が職員を居室から呼び出すための「ナースコール」、同じ施設内で職員同士の連携を効率化する「インカム」、職員の

出退勤や人員配置基準に沿ったシフトを管理する「勤怠ソフト」、利用者との介護サービス契約書や重要事項説明書への署名を電子的に管理する「電子署名ソフト」なども介護ICTに該当します。また、同じ「介護ソフト」の中にも、介護記録から介護報酬の請求まで1つのソフトで完結できる「一気通貫型」と一部の機能に特化した「機能特化型」に分かれます。

このように、介護事業所や介護従事者の業務に役立つ「介護ICT」は、様々な種類があります。スマート介護士は、介護事業所のテクノロジー活用を牽引するために、介護ICTそれぞれの特徴、活用事例、導入・運用のポイントなどを理解している必要があります。詳しくは、この後の「介護ICT各論」で解説します。

介護ICTを取り巻く環境

令和3年度の介護報酬改定では、「介護人材の確保・介護現場の革新」という重点テーマを中心に、介護事業所のICT活用が一層重点化されました。

ICTに関わる主な改定内容は、以下の通りです。

①ICTを利用した場合の居宅介護支援事業所の担当逓減制の緩和

居宅介護支援事業では、ICT活用又は事務職員の配置を行っている事を要件に、ケアマネジャー1人当たり利用者担当件数の逓減制の適用が、40件以上から45件以上に引き上げられました。

②見守り機器を導入した場合の夜間における人員配置の緩和

特養などのサービス類型では、ユニット型施設において見守り機器を入所者の100%に導入した場合や夜勤職員全員がインカム等のICTを使用していること、安全体制を確保していることなどを要件に、夜勤帯の人員配置基準が緩和されました。

③会議や多職種連携におけるテレビ電話等の活用の許可

運営基準や加算の要件等における各種会議等の実施について、感染防止や多職種連携促進の観点から、テレビ電話の活用が認められました。サービス担当者会議などの利用者や家族が参加する会議においても、同意を得たうえでテレビ電話の活用が認められました。

図：令和3年度介護報酬改定で解禁された「オンラインサービス担当者会議」の様子

出所：厚生労働省

④諸記録の電磁的保存の許可

ケアプランや介護記録等のような、指定介護サービス事業所が数年の保管義務を負う諸記録は、原則電磁的に保存していれば紙の状態での保管が不要になりました。

⑤利用者の署名・同意の電磁的対応の許可

ケアプランや重要事項説明書等、書面で説明・同意等を行うものについては、電子署名ソフトやメールの活用などによる電磁的記録による対応が原則認められました。

以上のように、厚生労働省は、介護事業所・介護従事者のICT活用を後押しするために、介護報酬を改定しました。介護報酬改定は3年に1度実施されますが、3年後、6年後の改定においては、さらなる活用が進められると予測されて

います。

また、現在、政府は「ケアプランの介護事業所間のデータ連携」を推進しています。

岸田首相は、2022年5月の記者会見で、「今年度中に、クラウド上でケアプランが共有できるシステムを整備する」と発表しました。その後、厚生労働省は、「ケアプランデータ連携システム」の概要として、居宅介護支援事業所と介護サービス事業所が毎月郵送やFAX等でやりとりしている①居宅サービス計画書、②サービス利用票（予定・実績）などのデータをクラウド上で連携できることを公表しました。このシステムの活用により、介護事業所は、職員の業務負担が軽減できると同時に、郵送費や印刷費、交通費などのコスト削減も期待できます。

そのため2023年以降は、介護事業所間のデータ連携がますます加速するものと予測されています。

介護ICTの導入メリット

介護ICTは、活用することによって、様々なメリットが得られます。スマート介護士は、メリットを理解し、ICT導入時に各関係者へ正しく説明・説得・啓蒙できるようになることが重要です。

代表的な介護ICTの導入メリットは、以下の5点です。

①介護職員の業務改善

介護ICTを導入することで、介護職員は、諸記録の記入などの間接業務時間が減少し、創出された時間を使ってゆとりをもって利用者と接したり、他のケアに時間を使うことができるようになります。

加えて、スマートフォン等のデバイスを使えば、利用者宅などへの移動時間や待ち時間に事務作業を進めることができ、隙間時間の有効活用が期待できます。

②利用者のQOL向上

　介護ICTを導入することで、入所系施設の利用者は、オンライン面会やオンライン旅行、オンラインレクなどを通じて、QOLの向上が期待できます。

　加えて、介護職員の業務にゆとりが生まれ、より一層利用者に寄り添った支援が実現できます。

③多職種連携の促進

　介護ICTを導入することで、様々な役割・雇用形態・勤務時間に働いている介護職員や看護職員等などが、情報をタイムリーに共有しやすくなります。

　加えて、電話や訪問と比較して、チャットツールやメールなどICTを通じたコミュニケーションのほうが、タイミングを気にせず気軽に連絡ができるため、職種間のコミュニケーションが円滑になり、チーム全体のパフォーマンス向上が期待できます。

④職場コミュニケーションの円滑化

　介護ICTを導入することで、普段対面では会う機会が少ない職員同士でもチャットやビデオ会議を使ってコミュニケーションがとりやすくなります。

　加えて、管理職の立場からは、チャット機能が付いたICTを使って連絡や方針を徹底したり、ビデオ会議機能が付いたICTを使って、1 on 1ミーティングを実施することができるため、コミュニケーションをとる機会が増え、チーム内のすれ違いが少なくなり、働きやすい風土になることが期待できます。

⑤コスト削減

　介護ICTを導入することで、紙を印刷する機会や郵便・郵送の機会が減少し、印刷費、通信費などコストが削減するというメリットが得られます。

　加えて、不要な対面での会議や調整に費やしていた時間、情報伝達・方針徹底に費やしていた時間、電話の行き違いに費やしていた時間、書類検索に費やしていた時間、などの時間的コストが削減でき、その分、より必要とされる業務に

人員をあてたり、残業に関する人件費コストの削減につながることが期待できます。

　以上のように、介護ICTには多数の導入メリットが存在しています。

　今行っている業務方法や、職場内外でのコミュニケーション方法を変えることは大変なことかもしれません。しかし、メリットを理解し、正しく関係者へ説明することができれば、きっと周囲の理解も得られるはずです。

ICT編②

介護ICT各論

　ここからは、介護ICTにどんなものがあるのか、具体的にみていきましょう。

介護ソフト

　「国保への請求が面倒」「毎日の介護記録の入力作業、もっと簡単にならないか」そういった不満を感じたり、同僚から聞いたりしたことはありませんか？

　スマート介護士に求められるのは単にICTを活用することだけではありません。介護の現場に点在する不満や非効率を目にしたとき「この問題をICTで解決できないだろうか」という課題解決の糸口を探ることも、スマート介護士の重要な役割です。その役割を果たすためには「介護ソフト」の知識が欠かせません。

　介護ソフトとは、介護事業所や介護職員の業務利用を目的に開発された介護ICTのことで、近年急速に普及しています。介護現場の不満や課題を解消し、業務を効率化するのに役立ちます。

　具体的にどういったものかを、職種ごとに例を挙げながらみていきましょう。

　介護職員の場合、毎日の介護記録を手書きで行うなど時間と手間がかかっていたりしませんか。記録用のソフトを使えば、スマートフォンやiPadを利用して短時間で入力を行えるようになります。

　ケアマネジャーは新規ケアプランの作成時にかかる時間の短縮や、台帳などデータの管理が容易になることが期待できます。

　事務職は複雑かつ確実性が求められる介護報酬請求業務を、請求業務用の介護ソフトを活用することで安心して行えるようになり、管理者は入金管理や勤怠管理といった業務をより効率よく行うことが可能となります。

　一口に介護ソフトと言っても、2022年時点で100社以上が参入しているともいわれており、システムの導入形態（クラウド・ASP型やオンプレミス・パッケージ型）や機能面、サービスのカバー領域などで細分化が進んでいます。

　そこで、ここでは介護ソフトを「請求機能に加えて記録・情報共有といった複数の機能を有している＝一気通貫型」「請求機能は有していないが介護記録や情報共有といった機能に特化している＝機能特化型」の2つに大別したうえで、それぞれの特徴を見ていこうと思います。

■ 一気通貫型

　国民健康保険団体連合会（国保連）への介護保険請求（伝送）機能に加えて「介護記録作成」「利用者情報の管理」といった機能が備わっているのが、一気通貫型の介護ソフトの特徴です。複数のシステムをまたぐことなく1つのシステム上で業務を一元管理するため、業務の効率化をはかりやすく、ソフトによっては自分達が望む形にカスタマイズが行えるメリットもあります。そのため、複数の施設を運営していたり、入所施設と通所施設など、複数の介護サービスを提供していたりする事業者との親和性が高い傾向にあります。

　一方で、機能が多岐にわたることから、操作の習得が困難、費用も高額となりやすいというデメリットもあります。

図：介護ソフトの分類

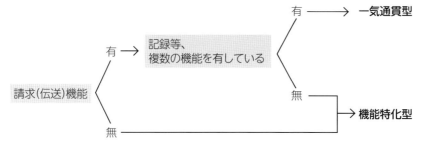

一気通貫型の例：タブレット入力できる介護記録ソフト「SCOP home」と「SCOPシリーズ」

今日の介護事業所の介護記録は、スマートフォンやタブレットなどの端末で記入できるものが増加しています。例えば、SCOPシリーズの介護記録ソフトSCOP homeは、選択式での数字入力や複数人の一括入力などの「入力のしやすさ」や、ひと目で10人程度の情報を把握できる「閲覧の早さ」など、タブレットの利点を活かし介護現場で職員が負担なく記録できるように配慮されています。また、クラウド型のシステムとして、SCOP homeの介護記録をもとに、SCOPシリーズでは多職種間での業務連携がリアルタイムに行えます。SCOPシリーズは記録から請求まで一貫した業務を実現します。

■ 機能特化型

　幅広い一気通貫型の介護ソフトとは違い、「伝送機能」「介護記録作成」「利用者情報の管理」等それぞれに機能を絞りこむことで利便性を高めているのが機能特化型の介護ソフトです。

　異なるシステム同士であっても連携しているものであれば一気通貫型の介護ソフトと同様、業務の管理から請求までをスムーズに行うことが可能となります。なお、後述（CHAPTER2-7「コスト抑制のポイント」）する「ICT導入補助金」は記録・情報共有・請求を一気通貫で行うことが可能な介護ソフトが対象となりますが、異なる介護ソフト同士の連携でもこの要件を満たすことは可能です。

　「すでに請求ソフトについては導入済みで、変える予定はない」という事業者や、比較的安価で導入できることから、小〜中規模の事業者、デイサービスのみなど介護サービスを単一で提供されている事業者での満足度は高いものと思われます。

■ まとめ

　CHAPTER3でも触れていますが、2021年4月より「科学的介護推進体制加算（LIFE加算）」

の導入が始まるなど、今後介護業界にとってICTはより身近なものとなっていくものと考えられます。介護ソフトの高機能化も進んでいますが「カスタマイズしすぎた結果、機能が複雑で使えない」「複数のソフトを入れてしまい管理が大変」ということにならないよう、導入にあたっては「介護ソフトありき」ではなく「自分達の解決したい課題は何か」から検討をはじめることが重要となります。

　また、介護ソフトはこれまで介護事業所の中で介護職員と利用者、もしくは介護職員同士の間で活用されてきました。ところが、近年その利用範囲が拡大される傾向があります。スマートフォンやタブレット端末が登場してから月日が経過し、これらを使いこなす若い世代の利用者家族が増えていることや、介護ソフトのクラウド化によって、介護ソフトは利用者・職員・家族の三者によって活用されるものとなってきています。スマート介護士は、介護ソフトの進化や発展にも常々アンテナを張り、最新情報をキャッチしていきましょう。

図：一気通貫型と機能特化型のそれぞれの特徴

	介護ソフト	
	一気通貫型	機能特化型
対応サービス	請求（伝送）　＋　介護記録／ケアプラン作成／利用者情報管理　等	請求（伝送）／介護記録／ケアプラン作成　等
特徴	●同一ソフト内で複数の機能を持ち業務効率化がスムーズ ●カスタマイズできるものが多いが機能の複雑化や価格面に注意が必要	●機能を絞ることで操作性を高め低価格化を実現 ●ソフトによっては別ソフトとの連携も可
価格帯	低～高	低
ソフト例	●ほのぼのNEXT ●カナミックネットワーク ●SCOPシリーズ	●けあ蔵 ●リハプラン ●ケアマネくん

介護ソフト以外

　ここでは介護ソフト以外のICTツールについて説明します。

　スマート介護士にとって重要なのは、単なるユーザーとしての視点ではなく、経営的な視点です。介護サービスの質をいかに高めるか、介護サービスを提供していくうえで業務をいかに効率化できるか、所属している事業所にとって何が適切かと、複眼的な視点を持つことが大切です。以下ではそれぞれのツールの説明と、介護現場で使用するためのポイントを紹介します。

　72ページの表は、代表的なサービスの機能や特徴の一覧です。そちらも参照してください。

■ ビジネスチャット

　1990年代のインターネットの広がりと携帯電話の普及とともに、ビジネス上の文書のやりとりは、FAXから、電子テキスト情報をやりとりする電子メールが中心になりました。現在でもメールはビジネス上の重要なツールであり、多くの企業で、メールのやりとりはビジネスマナーの一環とされています。

　しかし、2010年代に入り、携帯電話の中心が大画面・大容量のスマートフォンに置き換わると同時に、通信も常時接続していく社会に移行

しました。同時に、テキスト情報のやりとりも、従来の手紙文化を置き換えただけの電子メールから、より即時的なやりとりが求められるようになりました。その流れとともに登場したのが、チャットツールと呼ばれるものです。

　チャットとメールの大きな違いをまとめると、次ページの図のようになるでしょう。この表を見てわかる通り、メリットは、デメリットにもなり得ます。どちらでコミュニケーションを選択していくかは、十分に検討する必要があります。

図：チャット・メールの違い

チャット

- 題名、署名などの設定がいらず、気軽なコミュニケーションとして利用できる
- ツールやブラウザ、スマートフォンなどの通知機能と連動し、即時的なメッセージのやりとりができる
- 画像、動画などのデータをツール上でそのまま再生できる
- 送信後に加筆修正や送信取り消しができるものもある
- 通話ツールとして電話・ウェブ会議のような使い方ができるものもある
- メンバーごとにグループを作って、メッセージのやりとりに範囲を持たせることができる

メール

- 従来の手紙、FAXの代用として活用できる
- メール自体は比較的すぐ届けられるが、コミュニケーションツールとしての即応性はチャットほど高くない
- メールアドレスさえわかれば、ツールを超えてコミュニケーションをとることが可能（チャットだと同様のサービスのアカウントを持っている必要がある）
- CCやBCCなどの機能を利用して、話題ごとに複数の人を取捨選択したコミュニケーションが可能

2022年現在で広くチャットツールとして知られるものとしては、プライベートにおいてよく使われているLINEが挙げられるでしょう。その他にビジネスチャットツールとして知られるものとしては、以下のサービスが代表的です。

- LINE WORKS（LINEのビジネス版サービス）
- Chatwork
- Slack
- MCS（Medical Care Station）

また、近年では電話の機能として、SMS（ショートメッセージサービス）という、チャットのように使えるツールがありますが、上記表のような特徴を一部実現できないので、チャットツールには分類されません。

介護現場においては、いまだに紙や電話を使ったコミュニケーションに頼っている事業所が多く見受けられます。しかし、そのようなコミュニケーションでは、どのようなやりとりをしているか（していたか）は残らない、またはわざわざ紙を探して確認しないといけない、ということが発生します。電子化されたコミュニケーションでは、メールにしろ、チャットツールにしろ、何かしらのキーワードがあれば、ツールの検索機能を使って、目的のメッセージを素早く見つけることができます。例えば、利用者ごとのやりとりなどを、簡単に抽出することが可能です。

また、昨今の地域連携の流れの中で、施設・居宅問わず、多くの外部サービス提供者の連携が必要になっています。加えて、利用者家族やケアマネジャーなどの中には、電話・FAXよりLINEのような気軽なコミュニケーションツールのほうが、連絡が取りやすいという人もいるかもしれません。こうした流れの中でチャットツールはとても効果的ですが、同時に各ツールにできること、できないことがあります。例えば、チャットのグループを作るにしても、社内・社外のメンバー構成を適切に設定しないと、利用者の個人情報を第三者に流出させてしまうなどのリスクが発生する可能性があります。設定には注意が必要です。

しかし、文字情報（テキスト情報）の電子化の一歩目は、メール・チャットツールです。こうしたコミュニケーションに慣れていない事業所なら、まずは社内からスタートし、利用者など社外に対しては少数から試用してみるなど、職員の負担にならない方法からスタートするのも一案です。

■ ウェブ会議ツール

2020年頃より始まったコロナ禍の影響で、多くの企業では、出社を控え、自宅で仕事するリモートワークが手探りで始まりました。それは職場にとどまらず、学校教育の場でもリモートでの講義・授業が広がり、どこからでも仕事や学ぶ場を提供することが社会的に求められるようになりました。その中で、大きく市場が拡大したのが、ウェブ会議ツールです。

表：ICT調査表

製品・サービス名称	分類				
	チャット	ウェブ会議	インカム機能	ナースコール	勤怠管理
LINE WORKS	○	○	ー	ー	ー
Chatwork	○	○	ー	ー	ー
Slack	○	○	ー	ー	ー
Zoom	○	○	ー	ー	ー
Microsoft365	○	○	ー	ー	ー
Google Workspace	○	○	ー	ー	ー
Skype	○	○	ー	ー	ー
ナースエコール	ー	ー	ー	○	ー
ココヘルパ	ー	ー	ー	○	ー
ナースコールシステム	ー	ー	ー	○	ー
あんしんの樹	ー	ー	ー	○	ー
KING OF TIME	ー	ー	ー	ー	○
ジョブカン勤怠管理	ー	ー	ー	ー	○
カイポケ勤怠	ー	ー	ー	ー	○
シフトマックス	ー	ー	ー	ー	○
freeeサイン	ー	ー	ー	ー	ー
ジンジャー	ー	ー	ー	ー	○
クラウドサイン	ー	ー	ー	ー	ー

電子署名	オフィスツール	運営会社	特徴
—	—	ワークスモバイルジャパン株式会社	
—	—	Chatwork株式会社	
—	—	株式会社セールスフォース・ジャパン	
—	—	Zoom Video Communications Inc	
—	○	日本マイクロソフト株式会社	チャット、ウェブ会議関連はMicrosoftTeamsに集約
—	○	Alphabet Inc	チャット、ウェブ会議関連はGoogleMeetに集約
—	—	日本マイクロソフト株式会社	
—	—	名電通株式会社	
—	—	ジーコム株式会社	
—	—	アイホン株式会社	
—	—	株式会社ユニティーネットワーク	
—	—	株式会社ヒューマンテクノロジーズ	
—	—	株式会社DONUTS	経費管理、労務HRなどグループ製品在り
—	—	株式会社エス・エム・エス	介護請求サービス「カイポケ」の関連サービス
—	—	KYODOU株式会社	
○	—	freee株式会社	会計freee、人事労務freeeなどのグループ製品在り
○	—	jinjer株式会社	勤怠管理、電子署名サービスなどのグループ製品在り
○	—	弁護士ドットコム株式会社	

ウェブ会議ツールというと、TV会議を行えるシステムという理解をしている人も多いですが、厳密にいうと、ウェブ会議ツールと旧来のTV会議システムは異なるものです。TV会議システムとは（製品・サービスにもよりますが）、専用回線あるいは電話回線の上に特殊な端末装置を使って会話ができるように設計されたシステムのことです。企業間で閉じたシステムとして使用されることが多く、大変高価なものが多くなっています。

一方、ウェブ会議ツールは、通常のインターネット回線を使ってコミュニケーションを行うものです。

従来の動画を使った会議は、インターネット回線が遅く、また回線が不安定になることも多いため、とても耐えられないコミュニケーション品質でした。昨今は、屋内ではWi-Fi6などの大容量無線通信規格、屋外では4Gから5Gなどの次世代通信網、家庭レベルでも光ファイバーの回線が安価・定額に使えるように環境整備されてきたことで、ウェブ会議ツールでも、動画・音声を利用したコミュニケーションが可能になりました。

代表的なウェブ会議ツールとしては、以下のようなものが挙げられます。

- Zoom
- Microsoft Teams
- Google Meet
- Webex
- Skype
- Slack
- Chatwork
- LINE WORKS

Zoomは「Zoom飲み会」、「Zoomしましょう」など、流行語にもなるほど、リモートワークと同時に一気に普及しました。無料でも使用可能ですが、時間制限があるなど、無料版では不自由なところも多いので、試用して、継続的に利用をすることを希望する場合は、有料版への移行を検討したほうがよいでしょう。Zoomの魅力はある程度の大人数で会議を行っても通信品質が落ちないところにあり、多くの場所で導入され続けています。

一方、チャットツールの説明でも紹介したSlackやChatworkなどは、文字情報のやりとりだけでなく、グループ内での会話をウェブ会議でできるなど、チャットツールの延長としてウェブ会議ツールを提供しています。ゆえに、これらのツールでは単純にウェブ会議機能だけを使うのではなく、チャットを交えた使い方を工夫すると、よりよいコミュニケーションができることが多いです。参加人数の上限や画面共有などの機能面、通信情報の変化にいかに対応できるかなど、各サービスによって品質面での違いが大きいので、一度各社が提供している無料版を試してから、導入の可否を決定したほうがよいでしょう。

実際、ウェブ会議ツールは、介護現場でも様々な用途で利用されています。介護施設の場合は、各種委員会や研修のオンライン化に加えて、①利用者と家族のオンライン面会、②利用者と遠方の家族をつないだオンライン誕生日会、③外部からゲスト出演してもらう体操や音楽や落語などのオンラインレクなど様々な事例が増えています。在宅介護の場合は、多職種連携会議をオンラインで開催するケースも増加しています。

最後に、ウェブ会議ツールを介護現場に適用する際の注意点にふれましょう。リモートワークという言葉の通り、どこからでもインターネットにさえアクセスできれば利用できるウェブ会議ツールですが、それゆえに様々なリスクも存在します。

例えば、サービス担当者会議など、社外の参加者もいるウェブ会議中に他の利用者についての会話をしている周囲の音声を拾ってしまった

り、画面共有などの機能を使うときに、他の利用者の個人情報が入った画面を誤って共有してしまったりと、個人情報漏洩のリスクも十分に考えられます。

また、IDを所内で共有して使っているために、前後の会議の参加者が誤って入ってしまうなどのトラブルもよく見受けられます。ウェブ会議を利用するときは、利用する機器やツールの状況（パソコン内の画面状態など）や、周りの環境に十分配慮するなど、スムーズに運用されるようなルールを設けることが必要です。

また、ウェブ会議に参加するときには一定のマナーを守ることも肝要です。以下に示しておきますので、できるだけ配慮するようにしていきましょう。

- 画面上に表示される参加者名はきちんと自分の名前にしましょう（共有しているIDだと、IDに設定されるアカウント名が表示されることがあります）
- 周囲の音声が入ると、発言者の声が聞き取りにくいので、発言しないときはミュート（マイクオフ）の状態にしましょう
- ツールによって、カメラON/OFFが制御できますが、ウェブ会議に置き換わっても対面であることがコミュニケーションを促進するので、できるだけカメラはONにしましょう（どうしてもONにできない、発言できない場合には、そのこと・理由を自分の名前の横に一言添えるだけでも印象はよいです）
- 同じ拠点から複数アクセスする場合、距離が近いと互いの音声をマイクが拾い合い、雑音を増幅させるハウリングが起こることがありますので、別室から参加するなど、できるだけ互いの距離は離すようにしましょう
- 会議を運営、参加するときは直前に入らず、できるだけ時間の余裕を持って参加しましょう。特に、初めてのアクセスや普段とは異なる環境からアクセスする場合は通信トラブルが起こりやすいため、前もってアクセス方法のテストをするなどの配慮をしましょう

■ インカム

インカムとは、「インターコミュニケーションシステム（内線通信機器）」の略称で、「イヤホンマイク、もしくはヘッドセットを装着して通話ができる通信機器」を指します。インカム自体は以前から使われてきたもので、大規模なショッピング施設、イベント、人の行き来が多い店舗等でも活用されていました。インカム利用のポイントは、どのような形で通話を実現するか、通信手段に何を選択するかで機能が大きく分かれます。

最も古くからある一般的なものとしては、小電力無線を用いた、いわゆるトランシーバー型と呼ばれるものがあります。しかし、こうした特定小電力無線タイプは、免許不要の電波帯を使用するモデルだと通信範囲も狭く、もっとも見通しがよい場所でせいぜい直線200mの範囲内に限られます。もう少し電波出力を上げた、「簡易業務用トランシーバー」と呼ばれるものだと、直線で3km程度まで通信することが可能ですが、使用には無線登録や許可が必要になります。また、こうした無線を使用したタイプは、例えばある範囲内、メンバー間や各個別でコミュニケーションを切り替えながら使用したい場合は、チャンネル分割や機器操作を切り替えるといった工夫が必要で、導入は簡単ではありません。

こうしたインカムに、通常のインターネット回線を利用してできるソリューションが現れました。

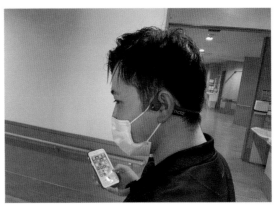

1つは企業内のネットワークを利用して、域内だけで使えるようにしたもので、まさに内線電話（IP電話）を、そのままインカムに置き換えたものになります。特に、病院などの医療法人の

施設では古くから域内通信に、PHSが採用されていることがありますが、そうしたネットワークをIP網というインターネットと同じような仕組みに取り替えることで、メンバー間通信や一斉配信など、IP網での通信特性を生かしたコミュニケーションを実現できます。

もう1つは、チャットツールを活用したソリューションです。スマートフォンなどの端末とインカムを連動させることで、チャットの機能である音声通話機能や、特定のグループ内でのチャット（チャンネル）を利用できます。例えば、「看護師だけ」とか、「送迎に出ているスタッフだけ」といったように、特定のグループに割り振るなどの工夫をしながら一斉通話が実現できます。これも前述したとおり、常時インターネットを使いながらコミュニケーションをとるというスタイルが確立した現在だからこそ実現できるようになったものといえるでしょう。

最後に介護現場でインカムを使う際の注意点を示しておきます。これも、使用タイプによって種々の問題は違うケースが考えられますが、共通する課題として、以下のようなものがあります。

- 伝えたい相手・グループの選択を誤り、内部秘匿したい情報を不特定多数のメンバーがいるチャンネルに発信してしまう
- 音声、マイクの設定がうまくいかず、インカムでの通信なのに、大声で喋り、誰に喋りかけているのかわからなくなる（インカム相手なのか、周りの人なのか）
- インカムの会話、設定に集中してしまい、自身の作業・ケア内容が疎かになり、事故につながってしまった

こうした事故リスクを軽減するためにも、他のツールと同様、最初は限られたメンバーで利用してみて、慣れてきてからルールを作り、参加メンバーを増やしていく形が望ましいです。

インカム利用は、利用者から見れば「私のケアに集中してくれないのか」などの不審を抱くもとにもなりかねません。使用環境を整備するとともに、ルール・マナー面も十分に配慮しなが

ら導入するようにしましょう。

■ ナースコール

ナースコールとは、「医療・介護施設において、患者もしくはご利用者が看護師などのスタッフを呼び出すためのツール」です。これまで紹介してきたICTツールと違い、介護施設においては施設基準によって設置が義務付けられた機器となります。

具体的に、設置義務が発生するサービス事業者分類と、根拠法は次ページの表を参照してください。

主に三大施設系サービスとよばれる特別養護老人ホーム、介護老人保健施設、介護医療院では、法文上明確に設置義務が規定されていますが、デイサービスや通所リハなどの居宅サービスや、特定施設などのその他施設では法令レベルでは明確な規定はありません。しかし、こうしたサービスでも厚生労働省もしくは都道府県が別途追加の指導指針や条例を出している場合があります。指導する都道府県によっても独自に施設要件を出している場合があるので、開業などの際は各自治体担当に問い合わせる必要があるでしょう。

法文上で設置が規定されている場所としては居室及び便所が主です。ナースコールの機器として必要な要件は特になく、ブザーなどの手段を用いて、他のスタッフに緊急通知ができることのみが記載されています。

身体や認知に不安がある利用者だと、些細なことでナースコールを頻繁に押してしまうことがあり、対応に苦慮されることもあるかもしれません。しかし、こうした利用者に対して、ナー

表：各サービス事業者におけるナースコール設置義務条項

特別養護老人ホーム	「特別養護老人ホームの設備及び運営にかかわる基準」 第11条第4項、第35条第4項(ユニット型)、第55条4項(地域密着型)、第61条第4項(地域密着／ユニット型)
介護老人保健施設	「介護老人保健施設の人員、施設及び設備並びに運営に関する基準」第3条第2項、第41条第2項(ユニット型)
指定介護療養型医療施設	「健康保険法等の一部を改正する法律附則130条の2第1項の規定によりなおその効力を有するものとされた指定介護療養型医療施設の人員、設備及び運営に関する基準」第39条第2項(ユニット型)、第40条第2項(ユニット型診療所)、第41条第2項(ユニット型認知症病棟)
介護医療院	「介護医療院の人員、施設及び設備並びに運営に関する基準」第5条第2項、第45条第2項(ユニット型)
軽費老人ホーム	「軽費老人ホームの設備及び運営に関する基準」第10条第4項
有料老人ホーム(住宅型、介護型)	「有料老人ホームの設置運営標準指導指針について」5　規模及び構造設備

スコールを簡単に押せないようにしたり、呼び出しに対応しないようにしたりすることは、2006年より施行された「高齢者に対する虐待の防止、高齢者の養護者に対する支援等に関する法律」(高齢者虐待防止法)に規定される「養護者による高齢者虐待」に当たります。このような場当たり的な対応ではなく、利用者がナースコールを頻繁に押してしまう不安の内容自体に目を向け、組織・チームとしてどのようなケアを行えばよいか、前向きに検討していく体制を構築しましょう。

そのためにも、ナースコールを単純なブザー・呼び出し機能に留めるだけではなく、例えば、どのように使われたかを記録できる機能を有する機器・システムを検討するなど、機器選定にも気を配るようにしましょう。また、通報を要する利用者の様子がわからない場合でも、通知ボタンを押したときに、設置場所のカメラと連動して通報場所の様子を移したり、通報前後の様子を動画記録として保存できる機能を有しているものもあります。

これらナースコールに付加される機能は、本来の法令が求めている機能要件以上のものかもしれません。しかし、ナースコールの本来の狙いは、利用者の非常状態・不快不安状態を素早く理解することです。利用者にとって安全・快適な環境を実現できるよう、設置個所の状況等も踏まえて、機器選定をするようにしましょう。

■ 勤怠管理システム

次に紹介するのは勤怠管理システムです。従来より、職員の出退勤はタイムカードや出退勤帳での記録が一般的ですが、最近だとICカードなどを利用したシステムを導入しているところも増えております。

介護における勤怠管理で念頭におかなければいけないのは出退勤の管理とともに、①様々な勤務時間・勤務形態に合わせた運用が可能かどうか、②各介護サービスの人員配置に合わせた出退勤の管理かどうか（監査上求められる管理を満たすかどうか）の2点をよく見ておく必要があります。

まず、①については介護現場において、施設系・居宅系の枠に留まらず、同じサービス類型の中でも異なる勤務形態があると思います。勤怠管理の側面から見ると、半日出勤や3時間以下の短時間勤務をはじめ、訪問サービスでは、直接利用者のもとへ直行したり、サービス提供後に事務所に戻らずに直帰したりするパターンも存在

するでしょう。また、昨今のコロナ禍においては事務作業を事務所では行わず、手持ちのPCやタブレットを用いて、自宅や公共のワークスペースで勤務する場合も想定されます。

　まずは勤怠管理を行うに当たり導入するシステムが、どこでも出退勤の記録がつけられるかどうか確認しましょう。また、その場で打刻ができなくても、翌日に出勤修正を行い、その場合の各種申請がスムーズに行えるかどうかもシステム選定を行ううえでのポイントです。

　以上は、勤怠における「実績」の部分ですが、もう1つ大事なのは「予定」です。例えば、職員の急な欠勤で、あらかじめ組んでいたシフトを変更せざるを得ない場合があります。空いたシフトの穴をどう埋めるか、急な欠員補充に頭を悩ます管理者は多いでしょう。介護現場でさらに悩ましいのが、人員配置の問題です。現場の単純な頭数をそろえるだけでなく、適切な介護サービスが運営可能な状態になっているか、有資格者の適切な配置を確認しておく必要もあります。

　勤怠システムとしては、こうした臨機応変な対応ができ、さらに人員配置の自動化までしてくれるようなシステムはなかなか存在しませんが、少なくとも1週間、1ヶ月レベルでの各員の勤務状況が労働基準法を順守しているかどうかをチェックでき、かつシフト構成が分かりやすく入力できる画面構成のものを選択しましょう。

　また、勤怠管理上、重要な項目となるのが、先ほど触れた②の人員配置に合わせた出退勤の管理機能です。必要となる監査での運営指導では、該当事業所において求められる人員配置を満たしているかどうかは、重要な確認事項となります。運営指導に向けて、実績のデータ出力以上に、必要な情報をすぐに確認でき、求められる報告・説明ができるよう管理しやすいものを選択するようにしましょう。

■ 電子署名

　利用者への介護サービス開始に必要な手続きを進めるにあたって、利用者やケアマネジャー、各種関係者と多くの契約や同意を求めないといけないことに驚くでしょう。紙での運用を中心

に進める事業所では、利用者・利用者家族に確認・同意を求めると同時に、同意・サインを求める場面がいまだに多く存在します。

　そもそも契約書への同意・サインとはどういった意味をもつのでしょうか。

　民法における契約とは、「法的な効果が生じる約束」であり、契約内容について双方の同意が取れれば、署名・サインなどがなくても法的な効果は生じるとされています。しかし、書面を残さないと、一度同意がとれたこと（あるいはとれたと思っていたこと）でも齟齬（解釈間違いなど）が起こることがあり、トラブルのもとになるケースがあります。そのため、契約書を起こし、そこに署名・サインを残すことで、法的な効力を対外的に示すこと（捺印することで、さらに信用を持たせること）ができるのです。

　ICT化が加速する世の中においては、契約内容は紙ではなく電子でやりとりすることが多いです。しかし、署名・サインをする段階で、結局紙に印刷してファイリングするなど手作業で運用するところが多いという現状もあるかと思います。合意した段階で、印刷を行わず、電子書面のまま合意の証明を実現するのが、この電子署名サービスです。

　タブレットが広く普及している現在では、タブレットのタッチ機能を活用して、電子ディスプレイ上に直接サインすることもありますが、これは厳密には電子署名ではありません。電子署名サービスとは、紙上での署名・サインに捺印や印鑑証明を添える効果と同じく、電子文面上に何らかの方法で、記名した内容に信用を付加するサービスだと思ってください。電子署名を行うと、電子文面上に「タイムスタンプ」と呼ばれるスタンプが付与されます。このタイムスタンプ

には付与された時刻が記されており、以下の2つが電子証明書によって行われます。

①タイムスタンプが押された時刻に、当該文書が存在していることを証明する（存在証明）

②タイムスタンプが押された時刻以降に、当該文書が改ざんされていないことを証明する（非改ざん証明）

このタイムスタンプ付与と、スタンプの電子証明書を発行するサービスが、電子署名サービスといわれるものになります。

電子署名は社会全体のICT化を促進するため、2001年に施行された「電子署名及び認証業務に関する法律」（電子署名法）に基づき、基盤整備が進められてきました。

介護における電子署名の取り扱いは、例えば、厚生労働省が通知している「指定居宅サービス等及び指定介護予防サービス等に関する基準について」に記載があります。業務における電磁的な取り扱いの促進は記されていますが、その中で電子署名は努力義務に過ぎません。そもそも最初に説明したように、契約行為自体は、書面・署名を義務として求められているものではなく、それらがないため法的効力が生じないというわけではありません。

そのため、各契約の重要さに基づき、以下のような対応が必要かを考えたうえで、電子署名サービスの利用を選択するようにしましょう。

● 契約内容を詳しく説明し、利用者・利用者家族・ケアマネジャー等（以下、利害関係者）に同意を求める

● 契約内容を書面に起こし、利害関係者にいつでも確認できるようにする

● 利害関係者が同意したことを記録し、かつ記載した電磁的内容（例：電子メール、チャット内容など）を残す。その際は、誰が、いつ同意したのか、がわかるものを併せて保管する

● 電子署名サービスを利用して、利害関係者に確認・署名・捺印してもらい、電子書面と連携した電子証明書を保管する

どのような対応を求めるかによって、電子署名サービスの利用を選択するようにしましょ

う。電子署名サービスは無料から、有料なものまで様々です。後々の運用がしやすいものを調査・選択するようにしましょう。

■ オフィスツール

介護ソフト以外のICT化ツールとして、最後にオフィスツールを紹介しましょう。最も知られているのが、Microsoft社が提供するオフィスツール（文書ソフトのWord、表計算ソフトのExcel、プレゼンテーションソフトのPowerPointの三製品が中心）でしょう。

1990年代のWindows95の登場以降、日本のオフィスPCはWindowsOSを採用したWindowsPCを中心に広がり、オフィス系ツールはWindowsを提供するMicrosoft社が提供する製品が中心になりました。

従来は、PCにCDやDVDを挿入してインストールするパッケージ製品や、購入するパソコンとセットで提供されるプリインストールというライセンス形式が市場の中心で、ツールを揃えるのに何万円もかかるものでした。しかし、インターネットの普及やスマートフォンの台頭により、常時インターネットにつなげる環境が整うと、一旦契約をし、毎月ライセンス料を収める「サブスクリプション」というライセンス形式が主になりました。契約するサービスにもよりますが、この形式だと、1ライセンスあたり月額数百から数千円で導入することが可能になります。

一方、2000年代のインターネットの拡大にともなって、インターネットの世界で情報を検索するサービスを行うGoogleやYahoo!などの検索エンジンのプロバイダが台頭してきました。特にGoogleは、2004年にGmailと呼ばれるメールサービスを無料で提供したことを皮切りに、Google独自のオフィスサービス「GSuite」を展開し始めました。Microsoftのオフィス製品と同じく、文書ソフトのドキュメント、表計算のスプレッドシート、プレゼンテーションのスライドというサービスと、ネット上にデータを保存できるストレージサービスのドライブを展開し、インターネットの価値を高めました。2022年現在も「Google Workspace」という名前でオフィスサービスを展開しています。

図：主なSaaSサービス

分類	用途	主なSaaSサービス
グループウェア	スケジュール管理、会議室予約、掲示板、ドキュメント管理、プロジェクト管理など	●サイボウズOffice ●J-Motto ●desknet's NEO ●Zoho
会計	財務会計、管理会計、請求書管理など	●freee ●マネーフォワード ●PCAクラウド
人事管理	労務管理、契約管理、給与管理、人事評価など	●ジョブカン ●SmartHR ●人事労務freee ●カオナビ

Googleは一般ユーザー向けには自社の検索・広告サービスを収益源に、Workspaceの各種サービスに制限をつけ無料で展開していますが、Microsoftと同様に月額数百円から数千円で有料のサービスプランも展開しています。プランによって、独自のドメインを利用できたり、データ保存の上限をなくすことができたりと、有料プランには当然サービス優位性を持たせています。ビジネス情報の適切な管理やセキュリティの観点からも、無料版である程度使用感を確かめた後は、有料版に移行するのが望ましいでしょう。

Google Workspaceにしろ、Microsoft365（Microsoftのサブスクサービス）にしろ、オフィス製品だけでなく、先述したメールサービス（Gmail、Outlook）や、チャットツール兼Web会議ツール（Google Meet、Microsoft Teams）などもセットで提供されており、ツール間での連携機能もあるなど、より便利に使える環境が用意されています。それぞれのサービスに特有なものが存在しますので、これもまず無料枠で使用感を確かめるようにしましょう。

また、両サービスとも非営利団体向けの無料プログラムを用意しています。社会福祉法人、公益社団法人・公益財団法人、NPO法人等に該当する介護サービス形態の事業者はこれらのプログラムを積極的に活用して、生産性向上に取り組むのもよいでしょう。詳しくは、CHAPTER2-7「コスト抑制のポイント」を御覧ください。

最後に、SaaSサービスというものをご紹介します。これは特定の会社のサービスではなく、SaaSは「Software as a Service」の略称で、直訳すると「サービスとしてのソフトウェア」となり、インターネット経由で提供されるサービスの総称を指します。Google Workspaceも、Microsoft365も、SaaSサービスの1つといえます（Microsoft Officeはネット接続なくても利用できるパッケージですが、ライセンス確認ではネット接続が求められますし、ブラウザでも使用できるサービスもあるので広義のSaaSともいえるでしょう）。こちらで紹介できなかった72ページの表のようなサービス群も、SaaSサービスの1つです。SaaSの良い点は、インターネットがつながる環境でブラウザを使用すれば（ブラウザ使用は必須としないサービスもあります）どこでも使えるという点です。また、多くが無料枠もしくは無料期間を設けているので、少し制限がある中で利用してみて、自らが行う業務に合うかどうかを検証することができます。

グループウェアなどのサービスは、ある程度規模が大きな事業所にならないと合わないことも多いです。それぞれのサービスに向き・不向きや業務の目指す方向に合う・合わないという要素もあるので、よく各サービスの内容を吟味し、スモールスタートでお試し導入することが大切です。そのうえで、自社のサービスに必要か不必要かを判断して利用するようにしましょう。

デバイス

介護におけるデバイス

現在、介護現場には様々なデバイスが導入され始めています。デバイスの導入により、紙で対応していた作業をデバイスで対応することで、業務の効率化が進んでいます。そして今後も、より多くのデバイス導入が進むことでしょう。

■ デバイスとは

まず、デバイスとは何かというところを説明します。デバイスとは特定の機能をもった機器の総称です。

その中で以下の項目に分けられます。
①PCやスマートフォン等の情報端末
②PC等の各種周辺機器
③機器を構成する電子機器やパーツ類

■ デバイスの具体例

①PCやスマートフォン等の情報端末

情報端末で一般的なのがPCやスマートフォンです。またタブレットも同じく情報端末です。

PCやスマートフォン、タブレットにはそれぞれ機能の特徴があり、メリット・デメリットが存在します。適材適所で取り入れていくことでスマートな介護を促進させることができます。

それぞれのメリット・デメリットについて簡単に説明します。

PCは、一般的に大画面で容量も多く、様々なデータを保存できます。資料作成に向いていて多くの機能がついていますが、大きく持ち運びには向いていないことが多くなります。

スマートフォンは小さく軽量のため、持ち運びができます。また、多くの人が操作に慣れていることも利点です。介護ロボットを操作できる専用アプリなどがありますが、資料作成などには向かず容量にも限界があります。

タブレットは持ち運びができて画面も大きく、介護記録作成などに向いています。操作もスマートフォンと変わらないため簡単ですが、資料作成などタブレットでは対応できないことも多く、比較的高価です。

②PC等の各種周辺機器

PC等の各種周辺機器として代表的なものは、キーボードやマウスです。他にもUSBメモリ、外部ハードディスク(HDD)などが該当します。

③機器を構成する電子機器やパーツ類

こちらはPCなどを構成する電子機器やパーツ類です。表に出ているマウスなどではなく内部のCPU、HDD、メモリのことを指します。

介護事業所のデバイスの重要性と活用事例

今までに挙げたデバイスと介護ICT機器・介護ロボットの関わりについて簡単に説明します。

現在、様々な製品があり、一概に語ることが難しくなっている介護ICT機器や介護ロボットですが、共通して言えることは、扱う際にPCなどのデバイスと連携をする必要があるということです。

そのため、介護ICT機器や介護ロボットの導入にはデバイスの重要性を理解することが大切です。

　ここで、実際の介護事業所におけるデバイス導入例・使用例を紹介します。

＜特別養護老人ホームでの例＞

　ある特別養護老人ホームでは、1ユニットにつき1台のタブレットを配置し、職員はタブレットを入力しやすい場所で使用することで、隙間時間で介護記録の記入・確認を可能にしています。加えて、浴室にもタブレットを1台配置することで、入浴担当の職員がその場で介護記録の記入などの作業を行えるようにしています。

　また、勤務中の介護職員は、インカムと接続したスマートフォンを1人1台携帯することで、職員同士でコミュニケーションを取ったり、介護ロボットなどの通知を音で確認したりすることが可能です。

＜居宅介護支援事業所での例＞

　ある居宅介護支援事業所では、全ケアマネジャーにスマートフォンを1人1台携帯させています。ケアマネジャーは、スマートフォンを使って、外出先からチャットツールで連絡をとり合ったり、受信FAXの内容を確認したり、グループウェア上の他職員のスケジュールを確認したりなどができます。

ICT編④

セキュリティ

デジタル化が進む介護業界において、「セキュリティ」は特に注意するべきことの1つに挙げられます。セキュリティは、ハード（PCやネットワーク）に対してのセキュリティと、電子データ化された介護情報等に対してのセキュリティの2つに大きく分類されます。

ハードに対してのセキュリティ

多くの介護事業所では、PCで業務を行うことが当たり前になっていますが、インターネットに接続しているPCは常にコンピューターウイルス感染の危機にさらされています。そのため、ウイルス対策ソフトの導入や、ファイアウォールの有効化などが必要となります。また、セキュリティ対策には、定期的なアップデートが非常に重要です。OSやソフトウェアには「セキュリティホール」と呼ばれる、プログラムの不具合や設計上の不備による情報セキュリティ上の欠陥が発生します。セキュリティホールは、ウイルス感染や不正アクセスの侵入口になります。このセキュリティホールを修正するために必要なのが、OSやソフトウェアのアップデートなのです。必ず行うようにしましょう。

セキュリティ対策には専門的な知識が必要です。専門部署が設置されていない介護事業所は、専門の企業に依頼して定期的な問題の確認と対策を実施することも検討してみましょう。

具体的なハードへのセキュリティ対策例

- ●ウイルスソフトの導入
- ●OS・ソフトウェアのアップデートの計画的な実行
- ●ファイアウォールの設定
- ●USBメモリの利用禁止設定

図：ハードへのセキュリティ対策

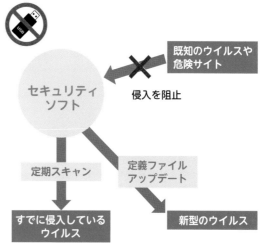

出所：東京歯科大学情報システム管理委員会セキュリティ対策より一部編集
https://www.tdc.ac.jp/college/tabid/643/Default.aspx

また、故障や老朽化により廃棄するPCのHDDやSSDは、専門業者に依頼し、保存されているデータの消去を確実に実施する必要があります。初期化をして廃棄したとしても、専門的な知識がある人なら比較的容易にデータを復旧することができるためです。

電子データに対しての
セキュリティ

介護事業所のPCに保存されているデータには、大量の個人情報が入っています。(例：介護システムに入力しているデータや、そのシステムから出力した電子データ、ケアプランのPDFなど)実際の情報漏洩の多くは、実は内部関係者の犯行によるものといわれています。情報漏洩、横領、サイバー犯罪等を含む経済犯罪の調査(下図)によると、日本では内部者によるものが多い傾向にあります。

介護事業所職員が個人アカウントで作成したクラウド領域に介護データをアップロードして業務を行っている場合、シャドー IT（組織が把握していない、私物の端末やクラウド領域で作業を行う）となって、情報漏洩やコンピューターウイルスの感染による事故が発生する可能性が高まります。

また、該当職員が退職しても個人のクラウド領域に格納されている介護データが残っていれば、外部(退職者)への情報漏洩に該当してしまいます。

前述の「具体的なハードへのセキュリティ対策」の中に、「USBメモリの利用禁止設定」を入れているのは、USBメモリに個人情報をコピーして、そのまま外部への持ち出しが容易にできる環境を抑制できるからです。

「クラウドにアップされたら同じではないか」という考えもあると思いますが、ネットワーク経由であれば、相当な専門知識を持っていない限り痕跡が残ります。

図：経済犯罪の主犯格

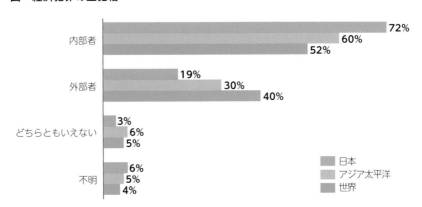

出所：PwC「経済犯罪実態調査 2018 日本分析版」

図：シャドー IT

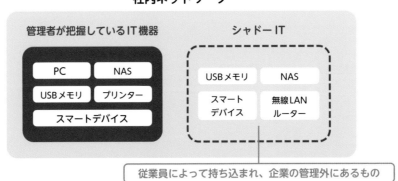

■ 個人情報について

個人情報の取り扱いについては、個人情報保護委員会が各種ガイドラインを作成している他、厚生労働省より、「医療・介護関係事業者における個人情報の適切な取り扱いのためのガイダンス」が提示されています。スマート介護士として利用者の個人情報を適切に扱い、管理するために、是非とも読み込んで理解を深めてください。

利用者の個人情報の例
●ケアプランや介護サービス提供の計画 ●サービス内容の記録 ●事故報告書　　など

印刷物から介護ソフトのデータや、出力されたファイルまで、利用者を特定可能となるものは全てが適用範囲となります。

電子データを安易に受け渡したり、個人の端末に保持したりすると、悪意がなくともセキュリティ事故の原因となることを認識する必要があります。

参考：厚生労働省「厚生労働分野における個人情報の適切な取扱いのためのガイドライン等」
https://www.mhlw.go.jp/stf/seisakunitsuite/bunya/0000027272.html

セキュリティ全般

このように、セキュリティを強化することで、便利なはずのデジタル化が不便に見えることがありますが、効率的でセキュリティの高い介護の実現のためには必要なことです。セキュリティ対策の明確なルールの策定と、環境の準備を進めましょう。

本書で記載しているセキュリティの内容は、情報システムに関係する部署や外部業者と打合せをするために最低限必要な、初歩的な内容のみ説明しています。専門的な内容になりますが、介護業界のデジタル化が進み、セキュリティの重要性は年々増しているため、これをきっかけとして知識を習得することをオススメします。

介護分野ではありませんが、厚生労働省が発表している、医療向けのガイドラインにも参考となる情報が多数記載されているので、ぜひ参考にしてください。

参考：「医療情報システムの安全管理に関するガイドライン」第5.2版（令和4年3月）
https://www.mhlw.go.jp/stf/shingi/0000516275_00002.html

ICT編⑤

コスト抑制のポイント

「業務の効率化のために、私達の施設でもICTを活用したい」と考えたとき、まずクリアしなければならない課題の1つが「導入にかかるコスト」です。

導入コストについて中心となって検討するのは各施設のマネジメント層とはいえ、スマート介護士としてICTを駆使した職場環境を目指す以上、どのようなツールがあるのか、そして、導入コストを下げるための手段がないかをここでは考えてみたいと思います。

補助金活用

介護事業所のICT化にはどのような機材が必要でしょうか。

介護ソフトを利用するためにはPCが必要となります。同様に、記録や情報伝達の効率化のためにはタブレットやスマートフォンが、転倒予防や徘徊防止の見守りにはセンサーが、そしてそれらIT機材が安定してインターネットに接続するためにはWi-Fiなどのインフラの準備も欠かすことはできず、施設のICT化にはある程度まとまった金額が必要になることは想像に難くありません。

そのような状況に対し、行政側も「少子高齢化が進む中、慢性的な人材不足に悩む介護業界にはICTの利用が不可欠」という認識の下で介護事業者へ様々な支援を打ち出しています。ここではスマート介護士として知っておくべき代表的な2つの補助金をご紹介します。

行政が補助金を充実させてきている背景や目的は、CHAPTER2-1「介護ロボットとは何か？」に詳しく記載していますのでそちらを参照ください。

■ ICT導入支援事業

ICT活用による業務効率化・職員の負担軽減をはかり、各都道府県が厚生労働省の地域医療介護総合確保基金を活用して補助金の交付を行っているのが「ICT導入支援事業」です。（次ページ図参照）

助成を受けられるのは事業所規模（職員数）に応じて100 〜 260万円までとなっています。

補助率は原則1/2ですが「LIFEへのデータ登録を行う体制が整備されている」「記録、情報共有、請求の各業務が一気通貫で行う」といった一定の要件を満たす場合は3/4以上となるなどの違いがあり、各自治体の規定に基づいて運用されているため確認が必要となります。

対象例
●介護ソフト
●iPhoneやiPadなどの端末
●インカム
●クラウドサービス
●勤怠、シフト管理などのバックオフィスソフト
●ネットワーク機器の購入、設置費　　　など

■ IT導入補助金

経済産業省（中小企業庁）監督のもと中小企業・小規模事業者等が自社の課題やニーズに合ったITツールの導入を支援するのが「IT導入補助金」となります。

また、すべてのITツールが対象というわけではなく「IT導入支援事業者」として採択を受けたツールのみが対象となる点に注意が必要です。

介護業界の場合、中小企業・小規模事業者等

表：ICT導入支援事業（令和4年度）

補助上限額	補助率	補助対象
事業所規模（職員数）に応じて設定 ●1～10人：100万円 ●11～20人：160万円 ●21～30人：200万円 ●31人～：260万円	①3/4以上（一定の要件を満たす場合） ②1/2以下（それ以外の場合） ※都道府県が設定	●介護ソフト ●情報端末（タブレット、スマートフォン、インカム等） ●通信環境機器等（Wi-Fiルーター等） ●その他運用経費（クラウド利用料、サポート費等）

出所：厚生労働省

表：IT導入補助金（令和3年度補正サービス等生産性向上IT導入支援事業）

種　類	通常枠		デジタル化基盤導入枠			
			デジタル化基盤導入類型			複数社連携IT導入類型
	A類型	B類型	ITツール	PC等	レジ等	
補助金申請額	30～150万円未満	150～450万円以下	5～50万円以下 / 50万円超～350万円	～10万円	～20万円	(1)デジタル化基盤導入類型の対象経費（左記と同様） (2)上記(1)以外の経費 　補助上限額：50万円×グループ構成員数 　補助率は2/3以内 1事業あたりの補助上限：(1)＋(2)で3,000万円および事務費・専門家費
補助率	1/2以内		3/4以内 / 2/3以内	1/2以内		
補助対象	ソフトウェア購入、オプション費用　等		ソフトウェア購入費用、クラウド利用料（最大2年分）等			

出所：経済産業省

に該当するのは以下の条件を満たした事業者となります。

表：IT導入補助金の対象者

分類	条件
介護事業者	資本金5,000万円以下または常時使用する従業員数100人以下
医療法人	常時使用する従業員数100人以下
社会福祉法人	

出所：経済産業省

補助額は30～450万円、補助率は通常枠（A・B類型）で1/2、デジタル化基盤導入枠（デジタル化基盤導入類型）で1/2～3/4です。

対象例
●介護ソフト ●財務会計・請求システム ●勤怠管理システム ●ハードウェア（タブレット）レンタル ●ホームページ制作　　など

Tech Soup活用

皆様の介護事業所では、「Tech Soup（テックスープ）」を利用していますか？テックスープを利用すると、様々な有料のITツールを無料もしくは割引価格で利用できます。自事業所が対象法人である場合は、ぜひ積極的に利用しましょう。

■ Tech Soupとは？

テックスープは、世界中のIT企業によって構成された非営利活動を支援するグローバル団体です。MicrosoftやGoogleを始め、全世界で100社以上のIT企業が、社会貢献活動として参画しています。テックスープに登録すると、協力企業が提供している有料のITツールを無料もしくは割引価格で利用できます。

テックスープは、非営利団体を支援する組織のため、全ての法人格の介護事業所が利用できるわけではありません。テックスープの対象法人は、以下の通りです。

- 社会福祉法人
- NPO法人
- 公益財団法人
- 公益社団法人
- 一般社団法人（非営利徹底型）

一方で、介護事業所の母体法人に多い医療法人や株式会社などは、テックスープを利用できません。

■ 介護事業所が活用できる 代表的なICTツール

テックスープを利用して無料もしくは割引価格で利用できる代表的な介護ICTは、以下の通りです。

①グループウェアとして活用できる「Google Workspace（旧G Suite）」
②ウェブ会議ツールの「Zoom」（有料版が半額）
③ワード・エクセル・パワーポイント・チームス等の「Microsoft365（旧Office365）」
　※一部の法人のみ
④電子署名サービスの「Docu Sign」

出所：テックスープ・ジャパン　リーフレット

通信環境構築編

ネットワーク化のすすめ

介護業務の性質上、デジタル化は難しいのではないかと思われがちですが、効率的な介護の実現をするためにはデジタル化による業務効率化が急務であり、その前段階としてインターネット技術を利用した事業所内ネットワークを構築している必要があります。

昨今の介護機器の性能向上はめざましく、単体利用でも大きな成果が出るものも多くありますが、ネットワークに接続することができる機器も増えてきており、単独利用に比べてより多くの機能が使えるようになるものも少なくありません。

デジタル化を推進することにより一時的に手間が増える場合もありますが、デジタル化による業務効率化は、結果として最も人の手が必要な介護本来の仕事に集中することが可能となります。

構築と機器の選び方

事業所内ネットワークといっても専門の業者でなければ設置できないというものではなく、基本構造は家庭用のインターネット環境と同様です。ただし、事業所全体となると家庭用で販売されている機器では、1つのネットワーク機器に接続できる機器の台数が少ないため安定運用することができません。各ネットワーク機器によって接続できる機器の数量や同時に扱える情報量に限界があるため、導入時には実際に接続を行う台数とやりとりする情報量を把握しておく必要があります。なお、一般販売されているネットワーク機器の中には「法人向け」と「家庭向け」と書かれたものがあります。これは法人利用と家庭利用では接続する機器数とやりとりする情報の量にかなりの差があるためこのように区別されています。

機器の性能は良いに越したことはありませんが、導入費用を抑えながら安定運用を行うためには、実際に使用する機器と数量に合わせた形でのネットワーク機器の選択が必要です。

ネットワーク構成例

ある社会福祉法人では次のような構成を組み合わせて使用しています。事業所全体管理のためにインターネット側で各事業所間を接続するネットワークを構築しています。

図：小規模事業所（グループホーム等）のネットワーク構成例

インターネットに接続されているルーターにパソコンと無線アクセスポイントを接続して、スマートフォンなどは無線で接続する一般的な

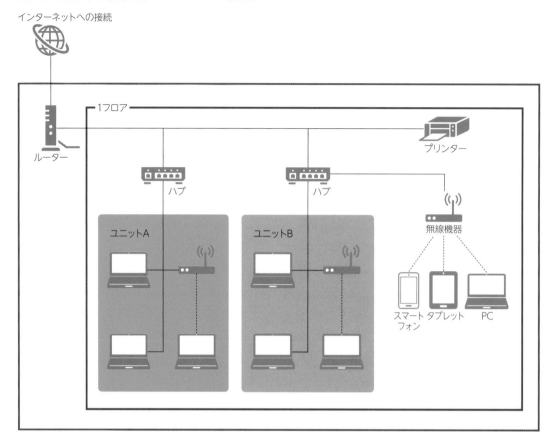

図：中規模事業所(特養等)のネットワーク構成例

インターネットへの接続

1フロア

ルーター

ハブ

ハブ

プリンター

無線機器

ユニットA

ユニットB

スマートフォン　タブレット　PC

家庭用の構成です。全体で機器が10台程度と小規模であれば、家庭向けの構成でも問題ありません。

　規模が大きい事業所の場合は同時接続台数が多くなるため、法人向けの機器を利用して接続しています。全体に接続できるネットワークと、各ユニット内のみに接続できるネットワークの2種類を組み合わせています。セキュリティ上の理由もありますが、導入する機器の特徴によってアクセスできるネットワーク範囲の制御をしています。

マニュアル化で、円滑な運用を

　社内ネットワークの運用管理方法をマニュアル化することで機器の故障等、トラブルが起こった際に迅速に対処できるように準備が必要です。マニュアル化により作業の工程がひと目で把握できるようにしておくと、責任者ならび

に管理担当者の通信環境保全の手助けになります。トラブルが発生してしまうと、現場判断での対応が必要となり、さらなる事故等が発生しやすくなります。大きな損失を出さないために、トラブルが起きた際の影響と対応を事前に把握しておくことが重要です。

万が一に備える

　機器の故障を前提した運用設計を構築することで、障害により業務停止となる確率を下げることはできますが、完全になくすことはできません。ネットワークを構成する機器には、故障が起こり得るものなのです。その被害を抑えるためにも、構築段階からできる限りの対策をしておくことが重要になります。機器としての可用性をどこまで追及するかはネットワーク構築業者を含めて費用との兼ね合いとなりますが、影響範囲の確認やトラブルをすぐに確認する準備

のための環境構築や、機器の接続状態の理解は
利用者側でも可能です。

機器をどのように 接続するか

　機器をネットワークに接続する場合、直接
ケーブルで接続する「有線方式」とWi-Fi等で接
続する「無線方式」の2種類があります。
　全ての機器を有線で接続すると、無線方式に
比べて通信は安定しますが、ネットワーク機器
に接続するケーブルが床面等に配置されるた
め、事業所職員や利用者がつまずかないように
配慮する必要があります。対して、全ての機器を
無線で接続すると、容易にネットワーク化できま
すが、Wi-Fiの接続規格等によって機器の要求
する通信速度に満たない場合などがあります。
　どちらの接続が優れているというものでもな
く、接続する機器の特徴や配置場所など使い方
によって適切な接続方式を選択する必要があ
り、機器トラブルが起きた際への対応が必要な
場面に備えて、利用する介護機器がどのような
方式でネットワークに接続されているか把握し
ておく必要があります。

ネットワークへ接続する際の 注意点

　機器をネットワークに接続することにより、
情報漏洩のリスクが常に発生します。ネット
ワーク環境におけるリスク対策は「接続させな
い」、「接続されても制御させない」、「暗号化して
データを読ませない」の3つです。最低限「接続
させない」の対策は必要です。
　有線接続の場合は物理的に「接続させない」こ
とによりリスク回避が可能です。対して、無線接
続の場合は無線機器の特性としてアクセスポイ
ント名（SSID）を圏内にあるネットワーク機器
に通知を行うため接続されてしまうリスクが存

在します。接続する際にはSSIDと暗号化キーの
2つを使いますが、最低限のリスク回避として
SSIDは無機質なもの、パスワードは16文字以
上や数字記号を混在させて使用することを推奨
します。

まとめ

　スマート介護士が活用する介護ロボットやセ
ンサー等はネットワーク環境下でこそ真価を発
揮するものも多くあります。しかし、介護で使う
ネットワークはこれと決められた形があるもの
ではなく、事業所の種類やそこで働く従業員の
働き方によっても変わってきます。
　本節にて解説した内容は構築運用する上での
初歩的なものですが、運用の前提となる一般的
な内容をまとめました。各事業所に合わせた形
での運用構成を構築するにあたって、参考にし
ていただければと考えております。

台湾における
介護テクノロジーの導入と市場

Humetrics CEO
Chao-Kang Liao, Ph.D.

　日本と友好関係の深い台湾においても、高齢化社会の到来に備えた、様々な取り組みが実施されています。そこで、台湾における介護テクノロジーの活用と市場について、現地で介護用ベッドセンサーを開発しているHumetrics社にお話をうかがいました。

■ 介護現場のテクノロジー活用状況

　台湾における介護テクノロジーの導入は、先進諸国と比べ、盛んであるとはいえません。最も導入されやすい見守り機器でも、導入している施設は台湾の施設全体の数％に留まっているといえるでしょう。このような現状には主に2つの理由が挙げられます。

　1つ目は保守的なマインドセットです。台湾の介護施設において、介護テクノロジーの導入が検討される機会は限られています。なぜなら、介護職員の多くはセンサー機器が介護現場で有用なことを情報として持っていない場合が多いからです。また、過去には性能の低いセンサー機器が市場に出回ったこともあり、たとえセンサー機器の存在を知っていても、介護職員がその効果に不信感を持っている場合があります。

　2つ目は介護テクノロジーの導入に対する資金的コストが挙げられます。日本のように、政府が介護テクノロジーを導入する施設に補助金を出すような仕組みがなく、導入コストは原則すべて実費負担になります。そのため、たとえテクノロジーの導入に前向きな施設においても、資金不足になることを懸念して、導入に踏み切れない場合も数多く見受けられます。また、余談になりますが、政府の補助金に関しては、開発企業に対して拠出される仕組みも十分ではないのが現状です。

■ 台湾発の介護テック企業としての市場戦略

　Humetrics社は台湾国内の介護施設向けに、ベッドセンサー「iCue」の開発・販売を行うスタートアップ企業です。iCueは呼吸や心拍の異常、体位変換のタイミング、離床などを検知し、介護者にお知らせする機能を搭載しています。

　2022年10月現在、台湾国内における50以上の施設や病院での試用実験を経て、すでに400台以上の機器を販売しています。しかし、先に挙げた理由から台湾の施設への製品導入はハードルが高く、加えて市場規模も高齢者の人口規模を考慮すると決して大きくありません。

　そこで、我々は製品の海外展開も視野に入れ、まずは市場規模の大きな日本でも製品販売に向けた取り組みを進めています。文化の異なる土地で製品を販売することになりますので、日本の介護施設においても実証実験を行うことで、その土地のニーズに合った機能も追加していく予定です。日本の展示会等にも出展しますので、是非、お気に留めていただけたらと思います。

写真：iCue

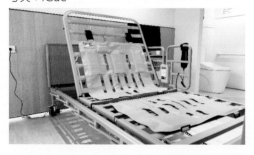

科学的介護基礎論

1 科学的介護とは何か

科学的介護という言葉をご存知でしょうか。近年、厚生労働省が旗振り役となって、科学的介護情報システム（LIFE）による介護報酬の加算も始まり、介護業界では、データを活用して介護を科学することが求められるようになりました。

しかし、この科学的介護という概念は、今後の介護の在り方に大きな変化を与える可能性がありながら、介護の現場で働く人には、その意図や目的があまり浸透していません。

ここでは、厚生労働省が公表している資料や各種論文を参考にしながら、科学的介護の意図や目的を整理し、科学的介護とは何かについて学んでいきます。

科学的介護の概要

科学的介護とは端的に表すと、「エビデンス（根拠）に基づく介護サービス」の実践です。この発想は医療分野から端を発したものになります。

- 診ている患者の臨床上の疑問点に関して、医師が関連文献等を検索し、それらを批判的に吟味したうえで患者への適用の妥当性を評価すること
- さらには、患者の価値観や意向を考慮したうえで臨床判断を下し、専門技能を活用して医療を行うこと

1990年代以降、医療分野においては、これらを実践的に行う手法として「エビデンスに基づく医療」が概念として広く定着しました。

近年ではこうした発想が介護分野においても重視されるようになり、医療と同様に、提供している介護サービスの内容が、高齢者の「尊厳保持」と「自立支援」の観点から、経験値のみに依拠しない、客観的かつ定量的な根拠に基づいて行われることが求められるようになりました。

科学的介護が推進されることで、利用者のより良い介護アウトカム（介護サービスをうけたことによる健康状態の変化）の実現が期待され、それに伴って、介護職員の行う介護サービスの質が向上することも期待されています。

ただし、介護においては、目指す方向性、つまり良い介護の姿とされるものが、医療における「治療効果」など関係者に共通のコンセンサスが必ずしも存在するわけではありません。そのため、個々の利用者の様々なニーズや価値判断が存在し得ることに留意が必要です。

また、エビデンスを求めるということは、科学的に妥当性のある指標のデータを用いて解析することが前提ですが、そもそも科学的に妥当性のある指標等が介護のようなサービス業においては確立されていない場合もあります。

したがって科学的介護は、介護に関わるあらゆる関係者の価値判断を尊重したうえで検討され、実践されることで初めて実現されるものになります。

一義的ではない利用者のあるべき姿を関係者間で目標として描き、多様な指標を交えながら、目標の達成度を評価していく。そして、その評価結果を根拠のある施策で向上させていく。このような一連の流れが科学的介護の概要とされています。

介護における
PDCAサイクルの実行

科学的介護の概要を踏まえたうえで、次は科学的介護を実践する方法論について学びます。

厚生労働省の資料によると、科学的介護は下図のように、介護オペレーションにおけるPDCAサイクルの中で実践されることを示しています。

このPDCAサイクルは今後の科学的介護を実践するうえで、非常に重要な概念なので、意味をしっかり押さえておきましょう。

PDCAサイクルとはPlan（計画）、Do（実行）、Check（評価）、Action（改善）の頭文字を取ったもので、1950年代、品質管理の父といわれるW・エドワーズ・デミングが提唱したフレームワークです。このフレームワークはプロジェクトにおける目標となる値（KPI（重要業績評価指標））を達成するために、モノづくりをはじめとしたあらゆる現場で活用されてきました。

Plan（計画）

目標・目的を設定し、実行計画（アクションプラン）を立案します。目標設定の際には、過去のやり方を踏襲した計画を立てるのではなく、なぜそのような目標を立てるのか、なぜそのよう

な実行計画を立てるのかといった、自らの仮説に立脚した論理的な展開を意識する必要があります。

Do（実行）

計画を実行に移します。

Check（評価）

実行した結果の検証を行います。特に期待していた結果が得られなかった場合は、なぜ得られなかったのか、要因分析を入念に行います。

Action（改善）

検証結果を受け、今後どのような改善を行っていくべきかを検討します。改善策は、Check時における仮説検証や要因分析の結果に論理的に対応しているか、確認しながら立案されます。

一見すると、PDCAサイクルを回していくことは目標を達成するために、どの業界でも実践されていることのようにも思われるかもしれません。

しかし、これまで介護業界のような、モノではなく人を対象としたサービス業の現場では、他の産業ほど明確には意識されてきませんでした。

製造業をはじめとした他の産業では、その製造工程や品質が明確かつ定量的に定義され、それらを最大化する形式知を蓄積してきた背景があります。

一方で、介護においては、先述したように、人を対象とするサービス産業であることから、

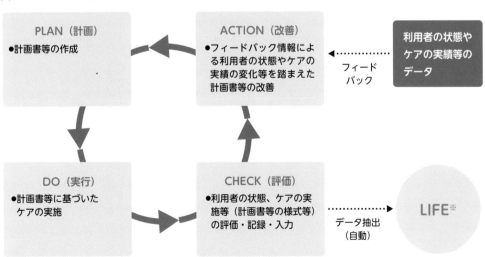

図：LIFEにおける科学的介護の推進（イメージ）

※科学的介護情報システム（Long-term care Information system For Evidenceの略称）

出所：厚生労働省

KPIそのものや各々の評価指標が定量的に設定できない場合が少なからずあります。

したがって、介護計画を作成し、その通りにケアを実行しても、その結果を上手く評価することができず、分析も不十分なまま、漠然とした改善策が次のケアに向けて打ち出されてしまいます。

そのような状態では、介護アウトカムや介護サービスの品質には、介護職員・介護事業所によって大きなばらつきが生じます。組織においては、次の世代に継承するノウハウもなかなか蓄積されません。

昨今の科学的介護は、モノを扱う現場のような精緻な定量化は困難であるにせよ、可能な限り、KPIや各々の評価指標を一律のフォーマットで具体的な数値に落としこみ、それをPDCAサイクルにのせることで目的の達成をより効率的かつ効果的に達成する試みといえるでしょう。

介護データの蓄積と活用

先述しましたが、科学的介護におけるエビデンスとは主に定量的（数的）データを活用して構築されます。なぜなら、物事の因果関係を明らかにするためには、自然言語（ことば）を用いるよりも数を用いる方が普遍性を担保しやすく、その精度や説得力が強い場合が多いためです。

では、ここでいう定量的データは普段の介護業務の中でどのように活かされるのか、まずはこれを把握する必要があるでしょう。

前ページの科学的介護の図では、PDCAサイクルにおけるCheck（評価）とAction（改善）をデータに基づいて実施することが示されています。

Check（評価）をデータに基づいて実施するとは、ケアを実施した結果、利用者の状態がどのようになったかを、定量的に示すことを意味しています。これは例えば、リハビリの成果が歩数で客観的に示される場合や、主観的な数的尺度に基づいて示される場合などが想定されます。

一方で、Action（改善）をデータに基づいて

実践するとは、評価された事柄の値を維持・改善するために、有効な手段を過去の定量的な知見に基づいて講じることを表します。ここでいう過去の定量的な知見とは、先の例を引き継ぐと、「類似した身体状況の人は、週に3回のリハビリを受けることで、歩数を維持している」といった過去の事例を示すものとお考えください。

もちろん、分析結果を受けて作成された改善策は、人員配置やそのときの体調等などを理由に、必ずしも現場のオペレーションで実行できるとは限りません。したがって、その場の状況や環境に合わせながら、現場における職員同士の緊密なコミュニケーションを通して、実行するようにしましょう。

LIFEの導入

ここまで、科学的介護の実践のためには、PDCAサイクルにおける、Check（評価）とAction（改善）の工程において、データの蓄積と活用の必要があることを学びました。

この科学的介護は、事業所内でも実践できますが、近年では国の施策として実践されようとしています。

言い換えれば、実際にどのような項目をどのような基準で評価し、評価した項目はどのように蓄積や分析、フィードバックがされるのか、これらのあり方を一律に定める必要があるということです。

厚生労働省は科学的介護の実践に向け、介護現場における一律した評価のフォーマット化やデータの蓄積や分析、改善に係るフィードバックを一括で行うためのシステムとして2020年度よりLIFEの導入を行いました。

LIFEの詳しい中身については次節以降で学んでいきますが、LIFEが導入されることで、これまで個別の取り組みとしてデータの収集や分析を行っていた事業所からこうした試みに縁遠かった事業所まで、多くの事業所が共通の仕組

みで科学的介護の取り組みに関わることができるようになりました。

■ 科学的介護の実践イメージ

下図は在宅で介護サービスを受けている方など利用者単位での科学的介護実践イメージです。ここでは活動や栄養状態といった評価項目をLIFEの評価指標に照らし合わせて、介護職員が利用者の状態を評価し、それをLIFEに入力していくことを想定しています。

LIFEに評価結果を入力することで、他の同じような属性の利用者と比較して、本人の状態の良し悪しや改善するべきポイントなどを、LIFEが推奨してくれるような仕組みになっています。

このような仕組みは、従来から自発的に介護におけるPDCAサイクルを回して、科学的介護を実践しているような施設でも難しいといえるでしょう。

個人の目標をどれだけ達成したかを測り、次の目標を介護職員の経験的な予測に依拠しながら決めることが、各事業所でできる最大限の科学的介護であったと考えられます。

その点、国が主導して、より多くのサンプルデータを収集することで、利用者のアウトカムを比較しあうことができるのはLIFEの大きな強みといえるでしょう。

また、次ページの図は、施設型介護サービスにおけるLIFEの活用イメージを図示しています。こちらも大まかな設計は下図と類似しているものの、評価の対象が個人ではなく、施設になっています。

そのため、評価指標の値が、具体的な項目の値ではなく、項目を複数のカテゴリに分類して、その分類に属している評価対象者の人数の割合で示されています。

施設間で各評価指標の値を比較することで、施設に暮らす人々の属性であれば実現可能であると考えられる値と現実の値の差を導き出し、その施設における改善点や良かった点を把握可能になることが期待されています。

図：LIFEを活用した科学的介護の実践イメージ（利用者単位）

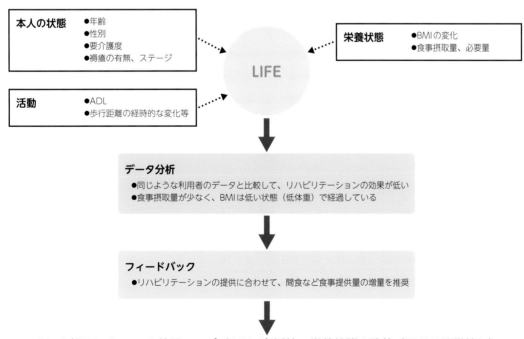

例：リハビリテーションの提供に応じた、最適な栄養の提供について評価（利用者単位）

本人の状態
- 年齢
- 性別
- 要介護度
- 褥瘡の有無、ステージ

栄養状態
- BMIの変化
- 食事摂取量、必要量

活動
- ADL
- 歩行距離の経時的な変化等

LIFE

データ分析
- 同じような利用者のデータと比較して、リハビリテーションの効果が低い
- 食事摂取量が少なく、BMIは低い状態（低体重）で経過している

フィードバック
- リハビリテーションの提供に合わせて、間食など食事提供量の増量を推奨

リハビリテーションの効果アップ（ADLが改善）、栄養状態の改善（BMIは正常値に）

出所：厚生労働省資料をもとに作成

このようにして、LIFEの導入による科学的介護の実践構想をみてみると、日本の介護オペレーションは大きな変化を遂げつつあることを実感いただけるかもしれません。

ただし、ここで1つ押さえていただきたいのは、まだLIFEの仕組みにおいて、フィードバックは、はじまったばかりということです。本書籍の執筆時点では、事業所向けに暫定的なフィードバックが提供され始めましたが、これは全国の事業所における利用者データの単純な比較に過ぎず、フィードバックの解釈は介護事業所に委ねられています。

従って、しばらくは介護事業所が独自の視点で、PDCAサイクルにおけるAction（改善）を試行錯誤していくことになるでしょう。

科学的介護の先行き

ここまでを振り返りますと、科学的介護についてだいぶイメージが湧いてきたのではないでしょうか。

本節の最後に、科学的介護が推進された先にどのような介護の未来像が目指されているのかについて説明します。

本節の始まりで、科学的介護が医療の潮流を引き継ぐ形で導入されたことを説明しました。実は、こうしたデータを用いて、エビデンスベースの業務を実施することは、国の大きなビジョンである「Society5.0」という発想の中に組み込まれています。

Society5.0とは狩猟社会（Society 1.0）、農耕社会（Society 2.0）、工業社会（Society 3.0）、情報社会（Society 4.0）に続く、サイバー空間（仮想空間）とフィジカル空間（現実空間）を高度に融合させたシステムにより、経済発展と社会的課題の解決を両立する、人間中心の新たな社会を指すものです。

Society 5.0では、フィジカル空間のセンサーからの膨大な情報がサイバー空間に集積されま

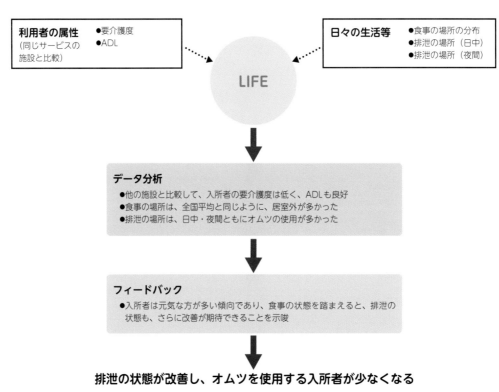

図：LIFEを活用した科学的介護の実践イメージ（事業所単位）

例：施設入所者の排泄状態の改善に係る取り組みの評価（事業所単位）

利用者の属性
（同じサービスの施設と比較）
- 要介護度
- ADL

日々の生活等
- 食事の場所の分布
- 排泄の場所（日中）
- 排泄の場所（夜間）

LIFE

データ分析
- 他の施設と比較して、入所者の要介護度は低く、ADLも良好
- 食事の場所は、全国平均と同じように、居室外が多かった
- 排泄の場所は、日中・夜間ともにオムツの使用が多かった

フィードバック
- 入所者は元気な方が多い傾向であり、食事の状態を踏まえると、排泄の状態も、さらに改善が期待できることを示唆

排泄の状態が改善し、オムツを使用する入所者が少なくなる

出所：厚生労働省資料をもとに作成

す。サイバー空間では、このビッグデータを人工知能（AI）が解析し、その解析結果がフィジカル空間の人間に様々な形でフィードバックされます。今までの情報社会では、人間が情報を解析することで価値が生まれてきました。

Society 5.0では、膨大なビッグデータを人間の能力を超えたAIが解析し、その結果がロボットなどを通して人間にフィードバックされることで、これまでにはできなかった新たな価値が産業や社会にもたらされることになります。

下図は、Society 5.0が達成された際の医療・介護の分野において新たな価値が生まれた姿を示しています。

個人のリアルタイムの生理計測データ、医療現場の情報、医療・感染情報、環境情報といった様々な情報を含むビッグデータをAIで解析することにより、「ロボットによる生活支援・話し相手などにより一人でも快適な生活を送ること」「リアルタイムの自動健康診断などでの健康促進や病気を早期発見すること」「整理・医療データの共有によりどこでも最適な治療を受けること」「医療・介護現場でのロボットによる支援で負担を軽減すること」といったことができるようになるとともに、社会全体としても医療費や介護費などの社会的コストの削減や医療現場等での人手不足の問題を解決することが可能

となることが見込まれています。

こうした国の大きなビジョンにおいて、科学的介護の実践はその一端であるといえるでしょう。様々なケアテックと連携しながら、より多くのデータをLIFEに蓄積することで、そこから導かれる改善策の精度は向上することが見込まれます。

その結果、介護オペレーションにおける介護職員と利用者の享受するメリットはさらに増大し、データに基づく介護が、超高齢化社会における適応策として効果を上げることが期待されます。

図：Society5.0　新たな価値の事例（医療・介護）

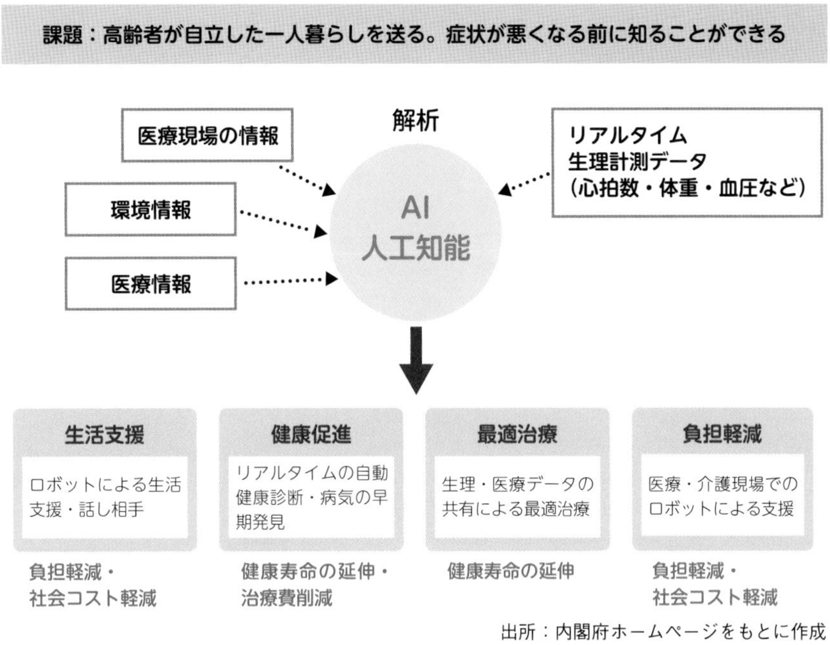

出所：内閣府ホームページをもとに作成

2 LIFE

この節ではLIFEのより具体的な中身を紹介します。LIFEシステムの概要から始まり、LIFEをより深く使いこなすための知識を紹介しつつ、現状LIFEシステムが持っている課題とLIFEを契機とする今後の活用方法に触れていきます。

なお、LIFEについては使い方の概要は触れるものの、LIFEシステムは現在も逐次発展しているものなので、より詳細な使い方の部分に関しては、厚生労働省などが発行している、最新のマニュアルを参照するようにしてください。

LIFEの全体構造と項目

2021年4月に、従来は「VISIT」「CHASE」（CHAPTER1-2「ケアテック関連施策の変遷」参照）として使用していたシステムをアップデートする形で、LIFE（Long-term care Information system For Evidence）システムがスタートしました。

それまでは、それぞれの介護スタッフやチームの知識や勘に頼っていた介護業界に、評価データを中心とした情報を集約させることで、医療と同じようなエビデンスベース（根拠に基づいた）の形に移行させたいというのが、LIFEと名付けられたシステムの名称からわかります。

LIFEの登場とともに始まった2021年4月の介護報酬改定で、一部の加算取得のためにはLIFEへのデータ提出が必須となりました（右表参照）。データ提出を必須とすることで、より現場からのデータを収集し、介護技術の標準化を図っていくと同時に、介護現場で進まないデジタル化が促進されることでしょう。

LIFEに関連する加算を取得する場合、必要なデータ類をとりまとめ、請求対象月の翌月10日までに、LIFEシステム上へ提出する必要があります。各加算において、アップロードが必要なデータ項目は102ページの表にまとめるとおりです。この翌月10日という締め日は現行の介護保険請求における国民健康保険団体連合会（国保連）への請求データを提出する締め日と同一なので、事務作業を行ううえではわかりやすいでしょう。

しかし、単純に加算取得を検討し、実施体制を整えればよいだけではなく、LIFE対応加算項目についてはLIFE入力を実現できる環境を整える必要があります。

具体的な方法については、実施時点のLIFEマニュアルを参照しましょう。次項ではその概要と各注意点を説明していきます。

LIFEシステムの構成と運用注意点

まず、LIFE運用を始めるに当たっては、必ずPCが必要になります。

2022年度現在においては、対応OSはWindows10、ブラウザはInternet Explorer／Microsoft Edgeに限られますので、その構成を備えたPCを最低1台は用意する必要があります（必要な構成はそのつど変わりますので、最新のLIFE導入手順書を参照してください）。

■ アカウントの発行

そのうえで、LIFEシステムに入るためのアカウントを準備する必要があります。このアカウント発行は、2022年現在はオンラインのみ

表：LIFEデータ提出が必要な介護加算項目（施設・サービス別）

	科学的介護推進体制加算(Ⅰ)・(Ⅱ)	個別機能訓練加算(Ⅱ)	ADL維持等加算(Ⅰ)・(Ⅱ)	リハビリテーションマネジメント計画書情報加算	理学療法、作業療法及び言語聴覚療法に係る加算	褥瘡マネジメント加算(Ⅰ)・(Ⅱ)	褥瘡対策指導管理(Ⅱ)	排せつ支援加算(Ⅰ)・(Ⅱ)・(Ⅲ)	自立支援促進加算	かかりつけ医連携薬剤調整加算(Ⅱ)・(Ⅲ)	薬剤管理指導	栄養マネジメント強化加算	口腔衛生管理加算(Ⅱ)
介護老人福祉施設	○	○	○			○						○	○
地域密着型介護老人福祉施設入所者生活介護	○	○	○			○						○	○
介護老人保健施設	○			○		○		○	○	○		○	○
介護医療院	○				○		○	○	○		○	○	○

	科学的介護推進体制加算	個別機能訓練加算(Ⅱ)	ADL維持等加算(Ⅰ)・(Ⅱ)	リハビリテーションマネジメント加算(A)ロ・(B)ロ	褥瘡マネジメント加算(Ⅰ)・(Ⅱ)	排せつ支援加算(Ⅰ)・(Ⅱ)・(Ⅲ)	栄養アセスメント加算	口腔機能向上加算(Ⅱ)
通所介護	○	○	○				○	○
地域密着型通所介護	○	○	○				○	○
認知症対応型通所介護（予防含む）	○	○	○※				○	○
特定施設入居者生活介護（予防含む）	○	○	○※					
地域密着型特定施設入居者生活介護	○							
認知症対応型共同生活介護（予防含む）	○							
小規模多機能型居宅介護（予防含む）	○							
看護小規模多機能型居宅介護	○				○	○	○	○
通所リハビリテーション（予防含む）	○			○※			○	○
訪問リハビリテーション				○				

※予防を除く

出所：「ケアの質の向上に向けた科学的介護情報システム（LIFE）利活用の手引き」三菱総合研究所

で完結することができません。管理用の新規アカウント発行は、LIFEのページ（https://life.mhlw.go.jp/）に表示されている「新規登録」ボタンから申請してください。この申請登録時には、該当事業所の事業所番号が必要なので、必ず控えておきましょう。申請時の状況にもよりますが、登録に数日〜数週間かかる場合もあるので、LIFE運用を検討している段階でも先にアカウント発行だけ申請しておくとよいでしょう。アカウント情報は申請時に入力した事業所の住所に送付されるので、発行された情報は失くさないように注意しましょう。

表：各加算で提出が必要なデータ項目

科学的介護推進体制加算（Ⅰ）・（Ⅱ） 科学的介護推進体制加算	●科学的介護推進に関する評価
個別機能訓練加算（Ⅱ）	●興味・関心チェックシート※ ●生活機能チェックシート ●個別機能訓練計画書
リハビリテーションマネジメント加算（(A)ロ・(B)ロ） リハビリテーションマネジメント計画書情報加算 理学療法、作業療法及び言語聴覚療法に係る加算	●リハビリテーション計画書 ●リハビリテーション会議録※ ●リハビリテーションマネジメントにおけるプロセス管理表※ ●生活行為向上リハビリテーション実施計画※
ADL維持等加算（Ⅰ）・（Ⅱ）	特定の様式はなし （該当者のADL（BI）評価値、別途ADL利得の計算申請が必要）
褥瘡マネジメント加算（Ⅰ）・（Ⅱ） 褥瘡対策指導管理（Ⅱ）	●褥瘡対策に対するスクリーニング・ケア計画書
排せつ支援加算	●排せつの状態に関するスクリーニング・支援計画書
自立支援促進加算	●自立支援促進に関する評価・支援計画書
栄養マネジメント強化加算【施設系】、栄養アセスメント加算【居宅系】	●栄養・摂食嚥下スクリーニング・アセスメント・モニタリング【施設系】 ●栄養ケア・経口移行・経口維持計画書【施設系】※ ●栄養スクリーニング・アセスメント・モニタリング【通所・居宅系】 ●栄養ケア計画書【通所・居宅系】※
口腔衛生管理加算（Ⅱ）【施設系】、口腔機能向上加算（Ⅱ）【居宅系】	●口腔衛生管理加算様式【施設系】 ●口腔機能向上サービスに関する計画書【居宅系】
かかりつけ医連携薬剤調整加算（Ⅱ）・（Ⅲ） 薬剤管理指導	●薬剤変更等にかかる情報提供書

※ 提出任意項目　　　　　出所：「ケアの質の向上に向けた科学的介護情報システム（LIFE）利活用の手引き」三菱総合研究所

先に申請したアカウント情報は、下図のLIFE運用における管理ユーザーのアカウントとなります。これは事業所に1つしか発行されません。管理ユーザーの役割は右表に示した通り、スタッフ情報（操作職員、記録職員）及び利用者情報（介護サービス利用者）の入力など、人に関する情報を入力するのが主な役割です。

表：管理ユーザーと操作職員の役割

管理ユーザー （主に、介護サービスに関わる「人」の管理に関わる）	操作職員情報の入力・編集、アカウント発行
	記録職員情報の入力・編集
	介護サービス利用者情報の入力・編集
操作職員 （介護データの入力に関わる）	様式情報の入力 （介護記録情報の入力）

図：LIFE運用の関係図

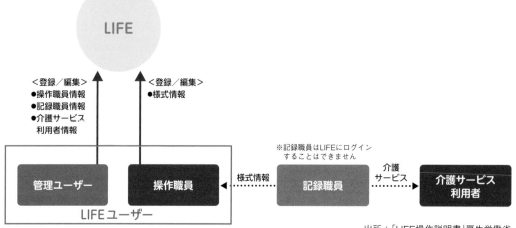

出所：「LIFE操作説明書」厚生労働省

図：管理ユーザーと操作職員でのメニューの違い

管理ユーザーでログイン時のトップ画面

操作職員でログイン時のトップ画面

出所：厚生労働省「LIFE操作説明書」

■ 操作職員、記録職員の登録・設定

一方、操作職員はLIFEの一番肝となる介護情報の入力を担います。ここで重要なことは、管理ユーザー、操作職員ともにPCを入力操作できることが前提条件であることです。小規模な事業所などはPCの台数や、操作できる職員が限られると思います。しかし、現在のLIFE仕様では管理ユーザーと操作職員を分ける必要がある（同一のPCでも可）ので注意してください。

逆に、操作職員を複数設定する場合には注意が必要です。LIFEシステムは利用者の個人情報を取り扱います。その都合上、操作するPCごとに暗号化キー（LIFE上は、「一時パスコード」という名称）を発行し、それを管理ユーザーが管理します。そのため、操作職員が最初にLIFEシステムを取り扱う際には、一時パスコードを管理ユーザーから受取り、操作する自分のPCに登録する必要があります。詳しい操作方法は、LIFEの操作マニュアルを参考のうえ、設定してください。

LIFE運用の関係図には「記録職員」という役割もありますが、これは直接LIFEシステムには関わらない職員です。例えば、LIFEに評価情報を入力する際、「評価者」と選択して登録する職員のことです。これは後に触れる、LIFE外のシステムを利用して情報取り込みする場合には、特に登録する必要はありません。

■ 介護サービス利用者情報との連携

以上の説明で、操作職員・記録職員の登録・設定までは行えました。しかしながら、もう1つ注意したいのが、管理ユーザーと操作職員がいる場合に、介護サービス利用者情報の連携が必要だということです。

上記までの説明で、管理ユーザーは、介護サービスに関わる「人」の管理（登録・編集・削除）が役割として挙げられています。逆にいうと、操作職員では介護サービス利用者の登録などはできないことになります。これはLIFE上の情報管理は、独自キーで暗号化されていることと関係があります。なので、管理ユーザーが更新した情報を何らかの形で操作職員のPCと連携する必要がでてきます。それがバックアップファイルの作成とインポートという操作です。これもLIFEシステムの情報管理と深く関係してきますので、詳しい操作方法は操作マニュアルを参照してください。

■ 外部の介護ソフトとの連携

ここまでの操作でLIFEを最低限操作できる環境は整いました。次に、LIFEシステムと外部連携について触れておきましょう。一般に介護ソフトと呼ばれるソフトウェアをすでに導入、もしくはLIFEを導入するにあたって他の業務もICT化を目指すために導入を検討することもあるでしょう。LIFEシステムはこうした介護ソフトと連携する方法をもっています。

これはボタン1つでできるわけではなく、次ページ図に示すように、介護ソフトに記録した情報を一旦CSVファイルと呼ばれるファイルに出力し、LIFEのメニュー上にある「外部データ取込」という項目から、出力したCSVファイルを取り込むことで行うことができます。CSVファイルはExcelやメモ帳などで開けるファイル形式ですが、こうしたソフトで開いたのちに再保存や編集をかけると、違う形式になってしまうことがあるので、内容を編集等するときは介護ソフト上で行うようにしましょう。

図：LIFEシステムと介護ソフトとの連携方法

介護ソフトからCSVファイルを出力してLIFEに情報提出する場合

介護記録ソフト

❷介護記録ソフトに入力

厚生労働省

LIFE

❸ソフトからCSVファイルを
ダウンロード

❹LIFEにCSVファイルを
アップロード（取り込み）

介護事業者

❶指定された項目を評価する

　2022年現在では介護ソフトの対応状況は各ベンダーによって様々です。「LIFE対応」と謳っていても、一部加算しか対応していなかったり、入力文字や必須項目への入力チェックが欠けていたり、そのために一部コードを確認・修正したりする作業をユーザーが行わないといけなかったりするのが現状です。これらの問題は、LIFEの普及・市場の拡大とともに改善されることが予想されます。LIFE対応という言葉に惑わされず、まずは、どんな介護ソフトが必要なのか、自事業所の介護サービスと合っているかどうかを念頭に選定するようにしましょう。総じて価格のみで安いものを選定しがちですが、使いやすさとともに、操作が分からないときのサポート体制は充実しているかなど、広い観点で選定することを心がけましょう。

**表：LIFE対応している代表的な介護ソフト
（2022年3月現在）**

一気通貫型	●ワイズマンシステムSP（ワイズマン） ●カナミッククラウドサービス(カナミック) ●ほのぼのNEXT（NDソフトウェア） ●SCOP（善光会）
サービス特化型	●リハプラン 　（リハブフォージャパン） ●いきいき訪看 　（いきいきメディケアサポート）
介護請求ソフト	●カイポケ(エス・エム・エス) ●ケア樹(グッドツリー)
介護記録ソフト	●CAREKARTE（ケアコネクト）

LIFE入力・提出方法と活用方法

2021年4月の介護報酬改定から、LIFEが導入され、介護ソフトを中心とした介護ICT市場も活性化が予想されました。

しかし、LIFEシステムの設定の複雑さや、業務にうまく適用しきれない事業所が多く、導入事業所も全体で40～50%程度に留まっている状況です（2021年8月時点。独立行政法人福祉医療機構「2021年度（令和3年度）介護報酬改定に関するアンケート調査」より）。

これにはLIFEシステムが複雑なこともありますが、LIFE対応するには、何か対応する介護ソフトを導入しないといけないのではないかという誤解が生じている可能性もあります。

実はLIFEは、それ自体で介護ソフトとして使えるものになっているのです。

右段の図は、LIFEのメインとなっている科学的介護推進に関する評価の入力画面ですが、ADLや起居動作などの評価情報、既往歴や服薬の情報を簡単に登録することができます。介護記録を紙やExcelで運用している事業所にとっては、LIFEを活用することで介護ICT導入の一歩にもなるのです。

また、計画書関連の情報（栄養ケア計画、リハビリテーション計画書、個別機能訓練計画書など）は、厚生労働省指定の標準様式にPDFダウンロードできるので、そのまま印刷すれば利用者への説明に活用することができます。

また、今は科学的介護推進などのアセスメント系の評価情報はアウトプットすることができません。しかし、厚生労働省は、CHAPTER3-1「介護におけるPDCAサイクルの実行」で説明したようなPDCAサイクルの中でLIFEシステムが運用されることを想定しており、2021年夏より、LIFE運用開始している事業所に対してフィードバック情報を配信し始めました。2021年秋の段階では、事業所ごとの介護度・年

図：LIFEシステムの入力画面例

齢などの統計情報しかないフィードバック情報ですが、今後は介護サービス利用者ごとに、全国の標準的なアセスメント統計との比較など、より詳細な情報が含まれる予定です。

今後は、このフィードバック情報を、介護計画の検討や各種カンファレンスで活用できるようになるでしょう。

この項の最後に、LIFE関係加算の提出方法について触れておきましょう。LIFEの入力に関しては、先に紹介したように直接入力する方法や、外部のLIFE対応ソフトを使って入力するなどの方法があります。そのどちらの方法でもよいですが、**サービス該当月の翌月10日までに**該当のサービス利用者の情報（一部加算に関しては、退所者における退所日時点の評価情報）をLIFEシステム上に登録し、確定状態にする必要があります。

また、LIFEシステムで直接運用している場合では、更新月に前時点での評価情報をコピーして、変更点のみ編集すればよいので、一度入力してしまえば、後は簡単に運用できることも前知識として押さえておきましょう。

■ フィードバック情報の今後と国際統計分類

LIFEシステム導入の中心的な加算となっているのが、2021年4月より新規導入された「科学的介護推進体制加算」です。この加算では102ページの表に示すように「科学的介護推進に関する評価」のデータが必要で、介護サービス利用者の既往歴や薬剤情報の入力が求められます。入力の際、例えば、既往歴の項目には、自由に病名を入力できるわけではなく、「ICD－10」と呼ばれる国際統計分類に則った病名を入れる必要があります。

この仕組みの目的は、標準化です。勝手な病名を入れるのではなく、きちんと定義された症状・病気の名前を使用することで統計・分析をしやすくします。ここで使われるコードは、下表に示すようにWHO（世界保健機構）のような国際機関が示している分類です。2021年4月には、疾病の「ICD」、生活機能(リハビリなどに活用)の「ICF」の2つが大きな分類コードとして導入されました。今後もLIFEの環境が充実してくるとともに、複数の分類が導入され、更に詳細な分析が行われ、フィードバック情報も高品質なものになることが予想されます。

LIFEの入力画面上では、既往歴などは病名の一部を入力すれば候補が表示され、その中から選択すればよいので、特にこうした分類コードを意識することはないでしょう。しかし、LIFE対応機能がついた介護ソフトには、コードをそのまま検索して入力する必要があるものも一部あるので、どんなコードが存在するのかを意識することも重要です。

表：国際統計分類（WHO-FIC）

中心分類	●国際疾病分類(ICD) ●国際生活機能分類(ICF) ●医療行為分類(ICHI)
関連分類	●プライマリー・ケアに対する国際分類(ICPC) ●外因に対する国際分類(ICECI) ●解剖,治療の見地から見た化学物質分類システム(ATC) ／ 1日薬剤用量(DDD) ●障害者のためのテクニカルエイドの分類(ISO999) ●看護の分類(ICNP)
派生分類	●国際疾病分類 - 腫瘍学3版(ICD-O-3) ●ICD-10精神及び行動障害に関する分類 ●国際疾病分類 - 歯科学及び口腔科学への適用第3版(ICD-DA) ●国際疾病分類-神経疾患への適用第8版(ICD-10-NA) ●国際生活機能分類 - 児童版(ICF-CY)

LIFEの現状と課題、
工夫の仕方

ここまでLIFEシステムを運用するための概要を説明しました。現状のLIFEシステムを導入するには、簡単なPCやインターネットの知識が必要です。公式の操作マニュアルを見ても、冒頭から複雑な操作が必要な初期設定の説明（ブラウザのキャッシュ機能の削除など：2022年3月時点）が登場するので、なかなか着手のハードルが高いように感じます。

しかし、前項で述べたように、LIFEシステム自体の操作は簡単に作られています。紙やExcelでの評価記録を、（PCとインターネット環境、また初期設定さえすれば）初期投資なしで電子化でき、かつ加算も取れる環境が整備されているといえます。

世の中では、働き方自体をデジタルに適応させていくDX（デジタルフォーメーション）化が進んでいます。2020年から始まったコロナ禍がその流れを加速させ、2021年9月には、さらなるDX化を推進する目的でデジタル庁が開庁しました。この「トランスフォーメーション」は変容という意味で、単純に紙をデジタルに置き換えるだけでなく、デジタルに置き換わったことで働き方自体が変容・変化することを指します。

スマート介護士を目指すみなさんは、介護ロボット・ICT活用によるコスト軽減だけではなく、よりよい介護で自らの業務をDX化していくという視点に立って、介護現場のワークフローを変革してほしいと思います。

現状のLIFEは、まだ使用しづらい点があるのも事実ですが、これを1つの契機（チャンス）ととらえてほしいです。自分自身がICTの知識がないとあきらめるのではなく、ICT環境に抵抗がない若手世代を技摺する、あるいは70ページで紹介する外部介護ソフトのサポートを利用する、資金・人材に余裕ある場合はバックオフィスの人間を教育する、外部のアドバイザーと契約するなど、いろいろな方法が存在します。

いずれの方法にしろ、いきなり大きく始めるのではなく、自分の目が届く範囲でスモールスタートし、失敗・検証を繰り返しながら社内として使える体制をつくっていきましょう。これらの動きをリードするのも、スマート介護士としての立派な介護マネジメントといえるのです。

米国発のケアテック企業が
見据える介護の在り方

Tellus CEO、共同創業者
タニア・A・コーク

　介護現場における導入需要が最も高いケアテックの1つには見守りセンサーが挙げられます。米国シリコンバレー発のスタートアップ企業でありながら、日本から見守りセンサー機器の販売を開始したTellus社に、製品開発に込める思いや日本市場への参入理由についてお話をうかがいました。

■ 製品開発に込める思い

　Tellusの見守りセンサーは非ウェアラブルかつ非映像技術で、居室内にいる高齢者の心拍数、呼吸、睡眠、転倒などをモニタリングするデバイスです。アメリカでは、ケアテックが日本ほど普及していません。しかし、介護職員の不足は大きな問題となっており、施設や訪問介護事業所の人材確保は大きな優先事項になっています。私たちは、こうした背景の下、施設ケアの質を高く保つためにテクノロジーを活用したいという要望を受けるようになり、協力したいと思いました。

　私たちは、製品が先進的であることに細心の注意を払っていますが、技術だけでなく、どのようにデータを提供し、どのようにスタッフと協力していくか、といった視点を大切にしています。つまり、私たちは解決策ではなく、問題に焦点を合わせているということです。介護士が自信をもって使えるテクノロジーを構築することで、介護士と施設の間に素晴らしいエンゲージメントと幸せをもたらします。私は、私たちがチームとして行っている仕事をとても誇りに思っています。

■ 日本市場への参入理由と製品が届ける価値

　日本は65歳以上の高齢者人口の割合が世界で最も高く、約30%であるのに対し、米国では約15%程度に過ぎません。このような日本の人口動態から、高齢者介護とテクノロジーの導入は急務となっています。また、日本はテクノロジー、特にハードウェアの分野で優れた文化を持つ国であることが知られています。そして、これらの文化を育む厚生労働省や経済産業省の取り組みにも、とても感心しています。日本が介護職員の不足にどのように取り組んでいるかは、世界のモデルであり、すべての国が注目するべきです。

　人手不足に悩む介護業界では、テクノロジーの活用が必要になるでしょう。Tellusは、人手不足の施設でも、細かな機能設定を通じて、介護者のストレスを軽減し、高齢者の方々の危機管理やADLの維持に貢献することが最初の顧客との実証実験で確認されています。

　私の目標は、Tellusが介護士の代替ではなく、人手不足の施設や家族を支援し、可能な限り最高のケアと健康状態を実現するためのデータを提供するツールとして活用されることです。こうしたTellusの生み出す価値を、日本および世界中に届けていきたいと考えています。

写真：Tellusの見守りセンサー

ケアテック導入の実践理論

1 意識共有

CHAPTER2では、ケアテックとは何か、その社会的動向がどのように変化しているのかについて学びました。ここでは、CHAPTER2で学んだことを踏まえ、ケアテックを実際に介護事業所に導入するためのノウハウについて学んでいきます。

ちなみに、このノウハウは、ケアテックを導入するためではなく、利用者や介護職員にとってより良い介護オペレーションを実現するためのものであることをご留意ください。

ケアテックを導入するということは、介護事業所が決して安くはない投資をすることであり、事業所で働く職員も、環境の変化に伴うストレスを感じることにつながります。ケアテックは解決するべき課題の解決策として導入されるということを意識していただくとよいでしょう。

ケアテックの介護事業所への導入は、主に以下で示すフローを経て達成されます。

図：ケアテックの導入フロー

▼ 1. 組織内における業務改善意識の醸成

▼ 2. 理想的な介護業務オペレーションの可視化
▼ 3. 人員配置の最適化
▼ 4. 課題のある介護項目の検討
▼ 5. 課題解決の方針決定

▼ 6. 導入体制の構築
▼ 7. 調査
▼ 8. 選定

▼ 9. 導入計画の策定

▼ 10. 評価の考え方

ここでは、導入フローの5つの段階を、順番にみていきます。

組織内における
業務改善意識の醸成

介護現場のオペレーションを改善するためには、まず介護現場において業務改善意識を醸成する必要があります。それは、トップダウンでもボトムアップでも構いませんが、組織全体で意識を共有することが重要です。

トップダウンのみ、つまり管理者のみで取り組みを行うと、利用者の方と一番近くで接している現場の職員が本当に困っていることや、助けを必要としていることが、明確にならない可能性があります。

一方、ボトムアップのみ、つまり現場職員のみで取り組みを試みると、どのような目的でどのような効果が期待できるのかといったオペレーションを客観的にとらえる視点が欠けてしまう場合があります。

そこで、業務改善委員会を組織内で立ち上げ、管理者から現場職員まで様々な視点を持ったメンバーで業務改善に取り組む話し合いの場を持つことが大切です。委員会の目的は、各ポジションの事情を踏まえた議論を積極的に行い、抱えている問題を明らかにすることです。事業所を管理する側からの人事や経理といった経営的な視点、介護職員からのケアの質や人手不足に関する現場の視点、それぞれが普段抱いている問題点を共有しながら、議論できる場を設けることがとても大切です。

■ 業務改善を進めるにあたって

業務改善をすすめるにあたっては、業務を見直すために、3M（ムリ・ムダ・ムラ）といった視点から、不必要なことがないかどうかの検討や、5S（整理・整頓・清掃・清潔・躾）

表：3M（ムリ・ムダ・ムラ）

要素	介護現場における事例
ムリ 設備や人材の心身への過度の負担	●キャリアの浅い職員がいきなり一人で夜勤になる ●体重80kgの男性利用者のポータブル移乗を女性の介護職員1人で対応する
ムダ 省力化できる要素	●利用者を自宅に送った後、忘れ物に気づき、もう一度自宅に届ける ●バイタルなどの記録を何度も転記している
ムラ 人・仕事量の負荷のばらつき	●手順通りに作業する職員と自己流で作業する職員、状態に応じて介助する職員がいる ●曜日によって、夕食の食事介助の介護スタッフ数がばらつき、食事対応に差が生じる ●介護記録の研修もなく、記載の仕方が職員によってマチマチで正確に情報共有がなされない

表：5S（整理・整頓・清掃・清潔・躾）

要素	介護現場における事例
整理 要るものと要らないものをはっきり分けて、要らないものを捨てる	保存年限が超えている書類を捨てる
整頓 三定(定置・定品・定量) 手元化(探す手間を省く)	紙オムツを決まった棚に収納し(定置・定品)、棚には常に5個(定量)あるような状態を維持し、取り出しやすく配置する(手元化)
清掃 すぐ使えるように常に点検する	転倒防止のために常に動線上をきれいにし、水滴などで滑らないようにする
清潔 整理・整頓・清掃(3S)を維持する 清潔と不潔を分ける	3Sが実行できているかチェックリストで確認する 使用済みオムツを素手で触らない
躾 決められたことを、いつも正しく守る習慣をつける	わからないことがあったとき、OJTの仕組みの中でトレーナーに尋ねることや手順書に立ち返る癖をつける

の視点からの業務環境を整えることなどを行うことも一般的です。

また、業務改善においては、課題設定をする前に、各職員が日々業務の中で感じている気づきを集約することも大切です。以下のような気付きシートを作成し、ワークショップを開催したりや研修を実施するなど、場を作って職員の声を集めることも効果的でしょう。

図：気づきシート

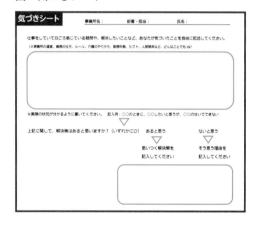

集めた気づきシートをもとに、職員の気づきをグルーピングし、因果関係図として集約すると、職場において改善すべきポイントが整理されて、課題設定すべき方向性が見えてきます。因果関係図とは、個々の事象が起きている原因となる本質を考えるため、個々の要素の関係性を考え、つないでいく方法です。例えば次ページのような方法で実施するとよいでしょう。

≫ 因果関係図の作成

STEP1
ワークショップや研修などを開催し、気づきシートに記入をしてもらいます。

STEP2
気づきシートに書かれた内容を付箋に転記します。

（シートを使用しない場合は直接付箋に気づきを記載します）

STEP3
付箋の内容から大まかにグループ分けをします。例えば、「排泄」「事故」「記録業務」「コミュニケーション」「新人教育」などにグルーピングすると、職員の意識が集中しているポイントを可視化することができます。

STEP4
付箋（課題）を「原因」「課題」「悪影響」に分けてホワイトボードに並べ、「原因」→「課題」→「悪影響」の順に矢印でつないでいきます。グループ分けの結果、重複が多かった課題、また、より広い領域に関係する課題から議論を始めると取り掛かりやすいでしょう。「悪影響」「課題」と考えられる付箋について、それはなぜ起こるのか、原因は何か、何度もナゼナゼを繰り返しながら、付箋を並べ直しましょう。ここでも必要に応じ新しい付箋を作りましょう。多くの場合、課題の原因や結果、悪影響は複雑に絡み合っています。1枚の付箋から複数の矢印が出たり入ったりしても構いません。どんどん矢印でつないでいきましょう。

STEP5
因果関係図を作成すると様々な課題を俯瞰的に見ることができます。実際の現場は複数の課題が複雑に絡み合っていることがわかります。しかし、複数の課題に同時に取り組むことは得策ではありません。課題に優先順位を付け、1つずつ丁寧に取り組んでいきましょう。

　ワークショップや研修で抽出した「課題」への対策は、「まずは小さな改善（効果を感じやすいもの）から始める」「発生する頻度が高い」「影響が大きい」といった観点から、直近で取り組む改善活動の優先順位を立てましょう。

　こちらで紹介した内容以外にも、業務改善を進めるにあたっては様々な手法があります。
　厚生労働省より業務改善の手引きが公開されているので参考にするとよいでしょう。

出所：厚生労働省「介護サービス事業における生産性向上に資するガイドライン　より良い職場・サービスのために今日からできること（業務改善の手引き）」より一部編集
https://www.mhlw.go.jp/stf/kaigo-seisansei.html

図：因果関係図の例

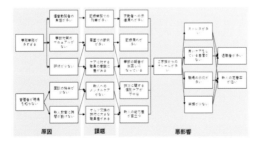

理想的な介護オペレーションの可視化

　組織内における業務改善意識が芽生えたところで、次に実施することは理想的な介護オペレーションの可視化です。これを行う目的は、実施するべき介護オペレーションにおいて、どのような時間にどの程度の介助が必要であるのかを見積もるためです。

　具体的な方法としては、24時間シート（次ページ）の活用が挙げられます。

　このシートには、現在にできているか否かを問わず、個々の利用者の標準的な1日の流れを時系列順に記入するとともに、各生活項目において「利用者が自分でできること」や「介護職員の支援が必要なこと」を記入します。

　もちろん、利用者の1日の生活サイクルは変動的なものなので、大まかで構いません。24時間シートの記入目的は、先述したように、実施するべき介護オペレーションにおいて、どの時間帯にどの程度の介助が必要であるのかを見積もるためです。熟考し過ぎず、まずはユニットまたはフロア単位で利用者全員分のシートを完成させることが重要になります。

人員配置の最適化

　利用者全員分の24時間シートが記入されたら、各担当者が記入した24時間シートを、ユニットまたはフロアごとに取りまとめます。ど

の時間帯のどの業務に職員の人手が必要なのかを把握した上で、時間軸に基づいた最適な人員配置案を、ユニットリーダーが作成します。

　115ページに、特別養護老人ホームにおける人員配置案を一例として掲載しています。

　こちらの例における人員配置案は、介護保険法に定められる介護施設の人員配置基準3:1（利用者3人に対して介護職員1人）を下回らずに、この比率になるべく自施設の人員配置を近づけることを意識して作成されています。つまり、介護職員の労働力を過度に投入することなく、利用者にとって理想のケアを受けられる状態を目指している案になります。

　ユニット型の特別養護老人ホームであれば、運営上の最低基準として、夜間は2ユニットに対して1人、日中は1ユニットに対して常に1人はユニットに配置する必要があります。夜間であれば、基本的に利用者は就寝中であるため、多くのケアに1人で対応できますし、簡単な休憩をとることも可能です。

　一方、日中の場合は1ユニットのケアを1人だけで実施することは困難です。24時間シートから導かれたケアの内容を実践するためには、ユニットを離れて業務を遂行するものがあったり、1人では対処しきれないケアが含まれたりしています。また、休憩時間も業務場所から離れて取得する必要があります。したがって、日中は固定配置される1人に加えて、幾人分かの人出が必要になります。

表：24時間シート

時間	場所	日課	したいこと・好み	自分でできること	支援が必要なこと
7:00	居室	起床			様子を見に行く、移乗介助
	居室	着替え			上下とも着脱の介助
	居室(トイレ)	排泄		手すりをもって自分で立つことができる	排泄介助
	居室	歯磨き		歯を磨くことができる	磨き残しがないか確認
7:30	リビング		リビングへ移動		車いすでの移乗を介助
8:00	リビング				食事準備
	リビング	朝食		少量であれば自身で食事ができる	一部食事介助
	リビング				後片付けをする
9:00	居室		居室へ移動		車いすでの移乗を介助
	居室(トイレ)	排泄		手すりをもって自分で立つことができる	排泄介助をする
	居室	歯磨き		歯を磨くことができる	磨き残しがないか確認
10:00	リビング		リビングへ移動		車いすでの移乗を介助
	リビング		コーヒーを飲む	自分で飲むことができる	コーヒーの準備をする
	リビング		テレビを見る	テレビをつけて見ることができる	
	リビング		新聞を読む	文字を読むことができる	
12:00	リビング				食事準備
	リビング	昼食		少量であれば自身で食事ができる	一部食事介助
	リビング				後片付けをする
13:00	居室		居室へ移動		車いすでの移乗を介助
	居室(トイレ)	排泄		手すりをもって自分で立つことができる	排泄介助をする
	居室	歯磨き		歯を磨くことができる	磨き残しがないか確認
	居室		昼寝		ベッドへの移乗介助
14:00	居室	入浴			様子を見に行く
	浴室				車いすでの移乗を介助
	浴室			身体の一部は自分で洗うことができる	入浴介助
15:00	リビング		リビングへ移動		車いすでの移乗を介助
	リビング		コーヒーを飲む	自分で飲むことができる	コーヒーの準備をする
	リビング		テレビを見る	テレビをつけて見ることができる	
16:00	リビング	排泄		手すりをもって自分で立つことができる	排泄介助をする
18:00	リビング				食事準備
	リビング	夕食		少量であれば自身で食事ができる	一部食事介助
	リビング				後片付けをする
19:00	居室		居室へ移動		車いすでの移乗を介助
	居室(トイレ)	排泄		手すりをもって自分で立つことができる	排泄介助をする
	居室	歯磨き		歯を磨くことができる	磨き残しがないか確認
	居室	着替え			上下とも着脱の介助
20:00	居室	就寝			ベッドへの移乗介助
20:30	居室				就寝確認(見守り)

図：人員配置案の例

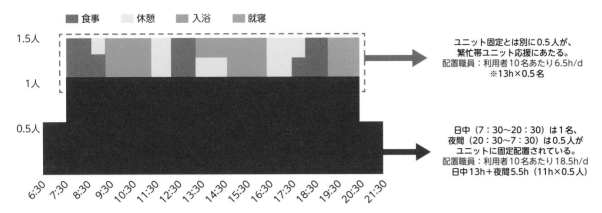

■食事　■休憩　■入浴　■就寝

ユニット固定とは別に0.5人が、繁忙帯ユニット応援にあたる。
配置職員：利用者10名あたり6.5h/d
※13h×0.5名

日中（7：30～20：30）は1名、夜間（20：30～7：30）は0.5人がユニットに固定配置されている。
配置職員：利用者10名あたり18.5h/d
日中13h＋夜間5.5h（11h×0.5人）

上図の人員配置案の例においては、日中に1人では対処できない時間帯において、ユニット応援職員が別途作業に対応することを想定しています。このユニット応援職員は2ユニットを担当しながら、場合に応じて、どちらかのユニットで業務を行うことが想定されています。例えば、入浴介助の場合だと、共有空間から離れた浴室に移動してケアを実施するため、入浴対象者以外の利用者に目が行き届かなくなってしまいます。介助業務の内容に応じて、臨機応変に対応できる職員が固定配置職員とは別に存在することで、日中における1ユニットの人出を0.5人のみ追加し、理想とする介護の実現を図ります。

このように、日中は1.5人、夜間は0.5人で1ユニット10人の利用者の介護を実践した場合、人員配置比率はちょうど約3:1にすることが可能になります。

繰り返しになりますが、上図はあくまでも理想的な介護の流れを実現する場合における、最低限の人員配置例であり、この人員配置比率がそのまま介護職員の勤務シフトの構成にあてはめられるわけではありません。職員によって働き方や働く時間は異なりますし、スキルも人によって異なります。

ただし、ここでこのような人員配置案を作成することは現状の人員配置を見直すきっかけになります。

利用者のケアの質を高めながら、理論上、実現できる人員配置に対して自事業所の人員配置構成がどのようになっているのか、比較しながら配置方法を改善できる手段を検討してみるとよいでしょう。

課題のある介助項目の検討

現実の人員配置案から理想の人員配置案に近づけるためには、単純にシフトの構成を変えるだけではうまくいかない場合が往々にしてあります。勤務人数を減らしたことで、残業時間が増加したり、場合によっては事故やヒヤリハットが発生したりしてしまいます。

これらの原因の多くは、各介助における工数（ケアしている時間）が見積りよりも長くなってしまうことに端を発します。こうしたことは、その日の職員や利用者の状態や状況によって、変化してしまうため、ある程度は許容されるべきことでしょう。しかし、こうした事態が恒常化してしまうことは、職員と利用者の双方にとって望ましいことではありません。

こうした問題を解決するための1つの方法には、各ケアにおける作業工数の見積もりを修正して、人員配置を手厚くするという方法が挙げられます。しかし、これでは結果的に既存の介護オペレーションに変化を与えることはできません。

そこで、もうひとつの改善方法として考えられるのが、見積り通りに進まない介助項目において、ケアテックを導入することです。ケアテックの導入によって介護職員の介助項目における作業工数を削減することは、作成した人員配置案を実現し、結果的に利用者にとって望ましいケアを提供することにつながります。

したがって、まずは当初の見積りよりも作業

工数を費やしている介助項目を組織内で共有しながら、それをケアテックの導入を念頭に入れて改善できないか検討してみましょう。

課題解決の方針決定

　自事業所の中で想定以上に工数を費やす介助項目については、何名かの利用者の介助場面をサンプルとして、該当項目における作業内容を細かく分類するとよいでしょう。なぜなら、特定の介助項目の業務すべてを改善しようとすると、その介助項目におけるどの部分にケアテックを入れていけばよいのかわからなくなってしまうためです。細かく分類された各項目において、どの程度の時間が費やされているのかを把握してみましょう。

　具体的に、改善するべき介助項目の作業内容を細かく分類するためには、右の表のような工程表を作成することが有効な手段となります。工程表は「工程名」「工程内容」「費やした時間」で構成されています。これらは、ケアを行う手順通りに記載し、同じ工程名であっても、内容が異なれば、それを別の行に費やした時間とともに記入します。

　工程表を作成すると、各工程において削減できそうな箇所を客観的に検討できることが期待されます。工程表からケアテックの導入を検討する手段に画一的な手法があるわけではありませんが、例えば、右の表であげられるような利用者の場合、入浴のほとんどの工程において、身体介助を必要としており、特に洗身に時間がかかっていることが定量的にわかります。

　これがわかると例えば「洗身をせずに、または洗身を楽にするケアテックはないのか」といった発想が生まれてくることでしょう。

　このように、介助項目の細かい分類と作業時間による工数の定量化はケアテックを導入するうえで、課題における解決方針をより明確にしてくれます。

表：工程表の例

工程名	工程内容	時間（秒）
入浴準備	利用者に入浴に向かうことを伝え、了承を得る。	30
誘導	お風呂場まで移動・移乗介助を行う。	60
脱衣	いすに座ってもらう。	5
脱衣	できる範囲で脱衣を行ってもらうよう声掛け。	60
脱衣	脱いだ衣類をネットに入れる。	10
浴室への誘導	利用者にバスタオルをかける。	5
浴室への誘導	浴槽のそばまで移動介助を行う。	10
浴室への誘導	カーテンを閉め、バスタオルをとる。	10
浴室への誘導	シャワーチェアへ移乗介助を行う。	3
洗身	洗髪、洗身を行うことを伝える。	5
洗身	シャワーのお湯を出して温度確認する。	15
洗身	かけ湯を行い利用者自身に温度確認をしてもらう。	5
洗身	シャンプーを使用して介護者が頭を洗う。	120
洗身	シャンプーを流す。	90
洗身	介護職員がタオルをぬらし、ボディソープをつける。	20
洗身	介護職員が泡立てる。	10
洗身	介護職員が全身を洗身する。	30
洗身	介護職員が泡を流す。	90
入浴	利用者に浴槽に入ることを声掛けする。	5
入浴	最終温度確認。	5
入浴	入浴介助機器へ移乗介護を行う。	15
入浴	入浴介助機器を操作して浴槽に入ってもらう。	300
入浴	利用者に、浴槽から上がる際に教えてもらうよう声掛けする。	5
退浴	上がるかどうかの意向を確認する。	5
退浴	入浴介助機器を操作して浴槽から出てもらう。	10
退浴	シャワーチェアへ移乗介護を行う。	15
退浴	上がり湯をかける。	15
脱衣所への誘導	バスタオルをかけ、脱衣所に誘導する。	30
脱衣所への誘導	利用者自身でいすに座り、身体を拭いてもらう。	90
着衣/美容	ボディチェックを行う。	30
着衣/美容	更衣介助を行う。	180
着衣/美容	髪を乾かす。	120
誘導	ユニットへ移動介助を行う。	45
申し送り	ユニット職員へ排泄量、状況を報告。	30

3 ケアテックの選定

導入体制の構築

現場で解決したい課題やその解決方針が定まったところで、次にケアテックの導入に向けた組織内の体制整備をしていきましょう。

介護オペレーションにおける、理想の状態を実現するためには、ケアテック活用による成果を評価して、改善点を見つけ出し、反省点を改善する作業（PDCAサイクル）を繰り返す作業が求められます。そこで重要になってくるのが、「ケアテック導入プロジェクトチーム」の存在です。プロジェクトチームは、ケアテックの選定から決定、トレーニング、使用状況の確認、評価、見直しまで、ケアテックの導入から活用までのすべてのプロセスに関わります。

プロジェクトチームは、法人または事業所内にチームを立ち上げるところからスタートします。病院や介護事業所を運営する多くの法人では「委員会（制度）」を制定していますが、この委員会活動の一環として、チームを立ち上げるのも、ひとつの手段となります。

プロジェクトメンバーを選出するにあたっては委員会と同様に、介護職員、看護師、リハビリ職員、ケアマネジャー、相談員、経理など、組織を横断して様々な職種を組み入れ、多角的な視点や意見を交わせるようにすることが大切です。

メンバー選出後は、中心役となるプロジェクトリーダーを任命します。キックオフミーティングを皮切りに、プロジェクトミーティングを適宜開催しながら、課題解決に向けた情報交換・共有を行っていきます。ただし、ペースメーカーがいないことやノウハウ不足に起因して、せっかく立ち上げたプロジェクトチームがうまくまわらない、といった事態も想定されます。

立ち上げられたプロジェクトを成功させるためには、プロジェクトの立ち上げ時やプロジェクトミーティングなどの要所で、社外の専門家に参画してもらうのも、有効な手段となるでしょう。

図：プロジェクトミーティングの様子

■ ファシリテーションスキル

プロジェクトミーティングを効果的に進めるためには、参加者の意見を集約し、その場を仕切って円滑に議論を進める「ファシリテーター」の存在が不可欠です。

ここでは、ファシリテーターに必要な5つのファシリテーションスキルに着目しましょう。

1. 対話の場づくり

議論が円滑に進むよう場づくりを意識することが重要です。場づくりには、①空間の物理的デザインと、②関係性を整える心理的デザインがあります。

》①空間の物理的デザイン

話し合いの目的や参加人数によって、席の配置を意識的に変えることも効果的です。

》②関係性を整える心理的デザイン

話し合いに入る前に話しやすい環境を整えることを意識してみましょう。オリエンテーションとしてこれからの目的や流れなどを説明することで、参加者全員が話し合いのスタートラインに立てるようにします。

また、参加者の緊張をほぐし、話しやすい雰囲気をつくる「アイスブレイク」も効果的です。例えば、最初に自己紹介を行う、時事の話題を振るなどの方法があります。

2. グループサイズ

参加者の人数を意識的に調整したり、議論中も少人数になる時間を作るなどグループのサイズを調整することも効果的です。

図：場づくりの具体例

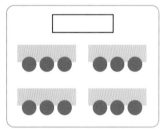

スクール型・シアター型
前に立つ人の話を聞きやすく、資料が見やすくなる。全体に周知する会議や説明会、キックオフに使われる。

ロの字
通常の会議で良く使われる。ただ、役割が場所で固定されたり、上座や下座がもたらすランクの差が、話し合いに影響を与えることがある。

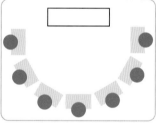

扇形
少人数でしっかり話し合う、参加型の会議に向いている（プロジェクトチームでの話し合い）。

図：グループサイズを変える効果

一人：自分のことや現場（実）をしっかり考える	四人：ペアを合わせると作れる単位、多様性も生まれやすい
二人：ペアできちんと聴いてもらう	小グループ：6〜8名で共有化がしやすい
三人：「文殊の知恵！」…相互関係の生まれる最小単位	全員：多くの人とのダイナミクス、多様性を味わえる

どれが良いというわけではなく、参加者の様子や問いに応じて工夫して使ってみましょう。

出所：厚生労働省老健局「介護現場における生産性向上の取組を支援・促進する手引き」
https://www.mhlw.go.jp/content/12300000/000781128.pdf

3．発言の見える化

参加者に考えてもらう課題や、議論のゴールなどは、ホワイトボードに記載しておきましょう。オンラインミーティングの場合はテキストとして表示するとよいでしょう。また、個別に意見を聞く際は、それぞれの意見をそのまま記載して、参加者に見えるようにすることも効果的です。

人の発言は議論とともに流れていくものです。見やすく効果的に表示することで、参加者全員で思考を深めることができます。

4．問いを立てる

参加者がともに考え議論を深めていくうえで、考えやすくなるようにすることが大切です。そのためには、思考のプロセスを考え、最初から本題に入るのではなく、答えやすい問いから投げかけていきましょう。

5．プログラムデザイン

限られた時間の中で議論の成果を生み出すためには議論の流れを組み立てて準備をすることが重要です。例えば以下のような「創造的な話し合いの流れ」のように、意識的に議論の流れやプログラムを組むことを考えてみましょう。

図：発言の見える化

【板書の基本】

その1 発言内容はできるだけそのまま書く	▶

【板書の効果】

そのまま書くのは、「意見の整理」や「大切な意見を消してしまわない」効果、「議論の展開の拠り所になる」効果があります。

その2 書かれた板書はその場で活用する	▶

話の流れを再確認すると、話し合いの芯のようなものが見えてきたり、大事なことが見える事も多いものです。

その3 ●いつも見える場所に貼り出す ●参加者が見える場所に貼り出す	▶

設定したテーマやゴールイメージなどを書き出し、貼り出すことにより、常に全員がそれらを意識する効果があります。

図：創造的な話し合いの流れ

①共有	②拡散	混沌	③収束	④共有
情報の共有 課題の共有 お互いの考えや 人を知る時間	アイデアを広げる 様々な可能性を 探る時間 （ブレストなど）	生みの苦しみ 創造的カオス 議論し考え抜く ここが一番 大切なところ	整理する、まとめる、 絞り込む、整理の軸 などを明示するとその場にいなかった人 にも説明しやすい	合意事項を 文章などで、 きちんと確認し 共有する

出所：厚生労働省老健局「介護現場における生産性向上の取組を支援・促進する手引き」
https://www.mhlw.go.jp/content/12300000/000781128.pdf

ケアテックの調査

　導入体制の構築後は、ケアテックの導入に向けて、ケアテックの調査を実施していきます。この調査では、課題の解決方針に即したケアテックが市場にあるかどうかを探すこと以外にも、類似した機能を持つ製品をなるべく複数個、導入候補として挙げることを目的としています。

　なぜなら、CHAPTER2で紹介した国の介護ロボット開発重点分野を中心に、ケアテックには下表のように、ある分野において類似した機能を持った製品が数多く市場に存在するためです。したがって、自事業所に導入する際には「その機器が本当に事業所内における課題を解決してくれるのか」という視点を持ち、様々な角度から候補となるケアテックの情報収集を行う必要があります。

　ここでは、具体的なケアテックの調査を進めるために、4つの調査方法に分けた調査の実施を紹介します。

①課題解決に即した機器を知る

　メーカーのサイトや、行政機関が出している検証事例、本などから課題の解決方針に沿った機器を、数種類ピックアップしていきます。ここでは多くを絞り込みすぎず、広い視点で様々な機器を探してみましょう。

②機種を見てみる

　展示会への参加、モデルルームへの来訪、または販売業者に訪問してもらうといった方法で、実機を見て触って確認します。ネットやパンフレットだけではわからなかった、実際のサイズ感や重量、使いやすさなどを把握できます。できれば複数人で確かめ、お互いの感想をまとめておきましょう。

③機種について聞く

　絞り込んだ機種について、販売業者からは価格・性能・操作方法・活用方法などの情報をヒアリングします。販売業者だけでなく、導入経験のある他の事業所の職員の方などから、実際の使用感を聞き出すことも大切です。販売業者より、率直で鋭い意見も聞けるかもしれません。

表：夜間の見守り業務で活用できる機器の一例

機器名	企業名
HitomeQ ケアサポート	コニカミノルタQOLソリューションズ株式会社
DFree	トリプル・ダブリュー・ジャパン株式会社
眠りSCAN	パラマウントベッド株式会社
ペイシェントウォッチャープラス	株式会社アルコ・イーエックス
Helppad	株式会社aba、パラマウントベッド株式会社
シルエット見守りセンサ	キング通信工業株式会社
LIFELENS	パナソニック株式会社
見守りセンサー ANSIEL	積水化学工業株式会社
aams	株式会社バイオシルバー
まもる―のSHIP	株式会社ZIPCARE
ネオスケア	ノーリツプレシジョン株式会社
A.I.Viewlife	エイアイビューライフ株式会社
Ninebot S-PRO	Segway-Ninebot
リリアムスポット2	株式会社リリアム大塚

※順不同

表：夜間の見守り業務で活用できる機器の種類と機能

課題解決に必要な機能	HitomeQ ケアサポート	眠りSCAN	ペイシェント ウォッチャープラス	DFree	Ninebot S-PRO
離床・臥床状態を遠隔で把握できること	対応				
心拍・呼吸状態を遠隔で把握できること	呼吸のみ対応	対応			
睡眠状態を遠隔で把握できること	要オプション	対応			
プライバシーに配慮しながらも遠隔で居室内の画像または映像を確認できること	対応	要オプション	対応		
排泄介助のタイミングを図れること				対応	
個別に通知(発報)設定できること	対応				
施設内移動時の身体的負担を軽減できること					対応
直感的に操作できること	対応				

④機種を試してみる

少なくとも1週間は試験的に導入して、実際の使用感を試してみます。通常のオペレーションの中で使用してみれば、また違った視点でチェックができるでしょう。

先述したように、解決の方向性によってはケアテックが存在しない場合や、比較する機器がないものがあるかもしれません。また、①の方法で見つけた製品について③や④のような手段を講じることができず、結果的に導入候補機器の情報が不足してしまうこともあるかもしれません。

しかしながら、この後実施するケアテックの選定においては、ここで集めた情報が導入判断の材料となりますので、できる限り様々な情報を集める必要があるでしょう。

ケアテック選定の基準

導入候補となるケアテックが複数個挙げられたら、そこから事業所にとって、最もよいものを選択していきます。この選択の際には2つの基準を考慮に入れます。それが「課題の解決力」と「コスト」です。

「課題の解決力」とは、各々の製品が課題の解決の方向性に沿った機能をどれだけ有しているのかを示します。これは上の表のように、各製品の特徴を列挙することで、個々の製品の差を明確にすることができます。

上の表を見ると、見守り業務での活用対象となる機器同士でも、機能にはそれぞれの違いがあり、それぞれできることとできないことがあります。事業所で抱える課題に対して、どの機能は欠かせないもので、どの機能はなくてもよいものか、吟味しながら情報を整理しましょう。

また、仮に類似機能を有した製品同士を比べる際には、その機能の精度やユーザーインターフェースの違いに着目してみるとよいでしょう。

続いては「コスト」という基準について考えます。これはその名の通り、機器の導入を行うことで事業所が支払う対価のことを示します。

しかしながら、ここでいう対価とは必ずしも一時的に支払われる製品の代金のことを示すも

のではありません。下の表はケアテックを導入する際に支払われるコストの種類を表したものです。

　表を見るとわかる通り、コストは製品そのものの代金以外にも、設置や整備に係る費用、製品を維持するための費用といった、別途でかかる費用が数多くあります。したがって、製品をコストの観点から評価する際には、想定される使用年数に対して総額でいくらかかるのかを考慮しなくてはなりません。

　「課題の解決力」と「コスト」について、導入候補機器それぞれの情報が出そろったら、いよいよ導入機器の決定です。

　この決定方法は課題の解決の方向性を決める際と同様に、画一的な手段があるわけではありません。課題の解決力とコストのバランスを鑑みながら決めていく必要があります。

　課題の解決に最低限必要な機能や追加機能に対して総額でかかるコストを突き合わせながら、どこまで拠出するべきかプロジェクトチームの中で議論するのがよいでしょう。また、その際には、改めて課題設定の中で議論された内容を思い出し、理想的な介護オペレーションの実現によって減らすことのできるコストを意識すると、議論が円滑に進みます。

表：コストの種類

	評価項目	説明
年間初期費用	初期費用/台	初期導入費用(税込)
	インフラ整備コスト/台	初期整備費用(税込)
	想定される耐用年数	想定される耐用年数
年間維持費用	追加資材・消耗品の年間費用/台	初期/継続的に追加物資、業者メンテナンスが必要となるか
	その他の年間維持費用/台	年間維持費用(税込)

4 ケアテックの導入

導入計画の策定

現場に導入するケアテックが決まったら、実際に導入するための、導入計画を策定してみましょう。

すでに生じている問題として、ケアテックに現場オペレーションを改善する効果があっても、それが上手く現場に浸透しない場合があります。

人は恒常性から逸脱することに少なからずストレスを感じます。そのため、ケアテックが導入されても、その効果が十分に発揮されるような使われ方をせず、結局、機器が現場の片隅に放置されたままになる場合があります。

どのようにケアテックを現場オペレーションに浸透させていくと、職員のストレスを軽減し、なおかつ、その効果を最大化することができるのか、この点は時間を使って熟慮しなくてはなりません。

下の表は、ケアテックの具体的な導入計画例です。これは参考例なので、そのままどの事例にもあてはまるわけではありません。しかし、導入計画の中には特に「ケアテック導入講習会」と「マニュアルの作成」は組み込んでおくとよいでしょう。

では、ケアテック導入講習会ではケアテックを使う職員に対し、どんなことを伝えるのがよいのでしょうか。具体的に見ていきましょう。

・対象者

まず、プロジェクトメンバーはもちろんのこと、フロアの中心となっているケアマネジャーやリーダーに、講習を受けてもらうのがいいでしょう。そのほか職員の中でも、IT機器に比較的強い人や新しい取り組みに対して前向きな人

表：ケアテックの具体的な導入計画例

	4月				5月							6月							7月				
	15	20	25	30	1	5	10	15	20	25	30	1	5	10	15	20	25	30	1	5	10	15	20
各ユニットに導入担当者を設置	■																						
導入担当者キックオフミーティング 効果測定指標と目標値の設定		■																					
導入担当者にて機器情報の自習			■																				
メーカー担当者による各導入担当者に向けた講習会				■																			
研修後、簡易マニュアルを設置+導入計画の組織内共有					■																		
実機1台のトライアル導入						■	■																
操作についての不明点をアンケート集計								■															
メーカー担当者による操作についての説明会開催、実機9台導入									■	■													
第1回効果測定+業務上の課題アンケート収集												■											
導入担当者第1回改善ミーティング														■									
本格導入															■	■	■	■	■	■	■	■	■

に、まず参加してもらうのが望ましいです。こうした方々への講習会が終わったら、次は介護職員全般へと広げていきます。

・開催回数

職員によって労働時間帯が異なるため、朝と夕方など時間帯を変えて、同じ内容を複数回行うことになります。1回の講習会に詰め込み過ぎることなく、何回かに分けて実施しましょう。

・講習内容

いきなり機器の説明から始めるのではなく、日々の介護業務の中でいかに活用することができるのか、どんな目的で導入したのか、利用者にどんなメリットがあるのか、などを説明することから始めましょう。

他にも、あくまで一例ではありますが、講習会で伝えるべき内容を下記にまとめています。参加者の役職や現場の状況に合わせて変更しながら活用してください。

<ケアテック導入講習会内容一例>
・導入の経緯・概要説明
・導入するにあたってのオペレーション側のメリット
・導入するケアテックの種類
・導入するケアテックの使用シーン
・それぞれのケアテックの使い方の説明と、利用者のメリット
・実機を使っての体験
・介護オペレーションへの組み込み方について
・導入にあたって、効果測定の仕方

ケアテック導入講習会の後には、新しいケアテックに慣れるためのトレーニング期間が必要になります。人によって習熟度も様々なので、全職員への浸透に向けた、オリジナルのマニュアル作成とその共有を行いましょう。

このマニュアル作りには下記のポイントを踏まえるとよいでしょう。

①コンパクトさ

情報がもりだくさんのボリュームがあるものより、困ったときに探したい箇所がすぐに見つかる、コンパクトなものを用意しましょう。いつも目の届く場所に置いておけることも大切です。

②見やすさ

写真などを使用して、ビジュアルで理解しや

すい工夫をしましょう。

③変更しやすさ

マニュアルの内容は、運用に沿ったものでなければなりません。使っていくうえで得られた新たな情報や、操作方法等の変更点など、随時更新していけるものにしてください。

④アクセスのしやすさ

業務用のデバイスなど、事業所内で共通の伝達共有ツールがある場合には、そこに掲載しておくと誰もがいつでも手に取って見られるので、非常に役立ちます。

導入計画を策定後、実際に機器の事業所導入を行いますが、導入計画だけでは職員が個々に判断して導入に向けた行動を起こせません。導入計画はケアテックが事業所に導入される手順を示すものですが、それに各人がどのように動くかを記載していないためです。

ケアテックを導入する最終工程として、下の表のように、ケアテック導入計画に対して、各人がいつ、どこで、何に関わるのかを明確に示した「導入計画の職員参加スケジュール」を作りましょう。この作成を終えたら、あとは実践するのみです。職員一丸となってケアテックの導入に取り組みましょう。

表：導入計画の職員参加スケジュール

	Aリーダー	Bさん	Cさん
キックオフミーティング	4月20日	4月20日	4月20日
機器情報自習	4月21日	4月22日	4月23日
各導入担当者向けメーカー研修	4月25日	—	—
トライアル導入会	5月2日	5月2日	5月10日
アンケート回答	5月15日	5月15日	5月15日
メーカー担当者説明会	5月26日	5月26日	5月26日
第1回効果測定とアンケート	6月10日	6月12日	6月13日
導入担当者 第一回改善ミーティング	6月15日	—	—
6/16導入			
導入後第1回 効果測定とアンケート	7月10日	7月11日	7月11日
導入担当者第2回ミーティング	7月15日	—	—

ケアテックの評価

評価の考え方

ケアテックが現場で稼動を始め、介護オペレーションにも順調に組み込まれていけば、導入フローを終えるまでの作業は残りわずかです。しかし、それですべてが完了ではありません。

ケアテックの導入後は、その導入効果を測定することが大切です。つまり、当初の目的であった解決方針に沿った働きをケアテックがしているのかどうかを確認することです。

念のため振り返ると、解決方針というのは、元々、利用者にとって理想のケアとは何かを探ったうえで、それを最も効率的な人員配置で実施するために考えられたものでした。したがって、基本的にはケアテックの具体的な評価の視点として、利用者の方のどのようなケアに対して、介護職員の何が改善されたのかを検証する必要があります。ただし、当然ながら、理想的なケアが実現されるということは、利用者にとっても、現状よりも質の良いケアが受けられるということが期待できるので、こちらも併せて評価の対象とすることが望ましいといえるでしょう。

以上を踏まえたうえで、ケアテックの導入効果がどのように測られるのか具体的な事例をもとに見ていきましょう。

■ 前提

これから取り上げる事例は、特別養護老人ホームにおける、夜間業務を2ユニットに対して1人で安全かつ迅速に行うことを課題としたプロジェクトです。ここでは、解決方針として、

無駄な空間移動や巡回をなくすことを掲げています。

課題の解決方針に沿ったケアテックを調査した結果、この事業所では見守り機器の導入を行うことに決め、その導入計画を作成した後に、実際にケアテックを現場に導入しました。

■ 結果

次ページの図は見守り機器を導入したことで、得られた①職員の動きと②巡回業務の変化を表したものです。

①について導入前では、発報があったときに、作業をしていた利用者のケアを一時中断して確認に行かなければなりませんでした。しかし、見守り支援のケアテックを導入した後は、別の居室で発報があったとしても、すぐに手持ちのスマートデバイスでその居室の様子を確認可能になり、作業を中断することなく排泄介助を続けられるようになりました。これによって、居室間の移動や、中断によりいったん外したおむつをつけ、さらに再開する際に布団を再度めくっておむつを外し直すといったプロセスや時間が削減できるので、ケアテック導入による課題解決が達成されたと判断できます。

②について導入前では、深夜の時間帯に発報がない場合でも、通常なら20部屋程度を歩いて周り、1部屋ごとに呼吸や睡眠状態を確認するといった作業が必要でしたが、見守り機器のケアテックを導入したことによって、事務所にいても遠隔モニタリングが可能になりました。その結果、夜勤の介護職員の身体的負担が大幅に減少したという結果が得られています。

また、見守り支援のケアテック導入は、サービスを受ける側にとっても様々なメリットが確認されています。排泄介助を中断されることなく

図：見守り業務の改善イメージ

❶他の作業中に居室内センサーが発報したケース

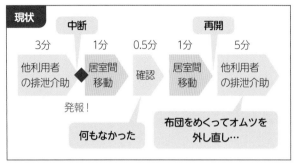

❷深夜1：00〜4：00 特段の発報のないケース

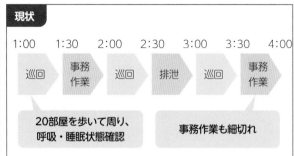

▼ 見守り機器導入によって

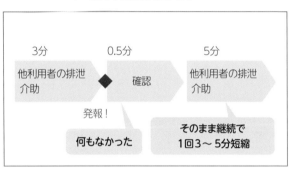

▼ 見守り機器導入によって

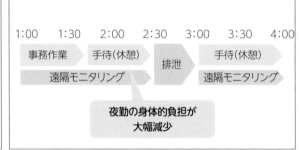

短時間で済ますことができるため、煩わしさが少なくなったり、就寝中に何度も巡回に来られることによって睡眠が妨げられたりすることも少なくなり、職員、利用者の両者にとって良い効果が得られています。

ここでは、うまくいった事例を紹介していますが、最初に設定した解決方針に沿わない結果が得られた場合は、改めて運用方法に問題がなかったか、検証しなくてはなりません。

ケアテックは期待される効果が見込まれたうえで導入に至っていますので、現在の使用方法を細かく分析し、プロジェクトチーム内や現場で何が良くなかったのかを議論する場を設けましょう。また、場合によっては実際に機器メーカーに問い合わせを行い、改めて使用方法について説明の機会を受けることも有効な手段といえるでしょう。

以上をもちまして、ケアテックの導入は完了となります。課題の設定から評価までのプロセスを一通り実施するためには、決して短くない時間を要します。

しかしながら、はじめに記載した通り、ケアテックの導入は職員と利用者の両者の行動や気持ちに大きな変化を与える可能性があり、事業所の運営者にとっても大きなメリットとなり得ます。

大変な道のりではありますが、ひとつずつ確実に段階を踏みながら、現場オペレーションの改革につなげていきましょう。

最先端の見守り系介護ロボットが創る未来

コニカミノルタQOLソリューションズ株式会社 代表取締役社長
三浦 雅範

IoTセンサーの導入も一般的となり、いよいよ介護現場でのテクノロジー活用が本格化しています。見守り系介護ロボット機器を開発するトップランナーであるコニカミノルタQOLソリューションズ株式会社の三浦代表に、今後の展望についてお聞きしました。

■ 介護DXの一丁目一番地は、IoT

世界は、いま第四次産業革命の真っ只中で、IoT・ICT・AI・クラウド・ロボティクスなどが新しい産業をどんどん起こしています。介護現場では、「IoT」がその変革を牽引しています。すなわち「全てのモノがインターネットにつながる」ことで、高齢者・家族・施設の職員などが時空間を超えて遠隔とでコミュニケーションがとれ、遠隔でデータがとれ、遠隔でモニタリングができるようになり、現場に大きな変革をもたらしています。このことから、介護業界におけるDX（デジタルトランスフォーメーション）の一丁目一番地（最優先課題）は「IoT」であるといえるでしょう。

そのような中、介護人材不足が叫ばれている高齢者施設において、利用者の安全・安心を担保するという観点から、いま急速に普及が進んでいるIoTが「見守り系の介護ロボット」です。

■ 最先端の見守り系介護ロボットは、何ができるのか？

従来の見守り機器は、ベッドやベッド下に設置したセンサーで見守りを行っていました。この場合、ナースコールと同様に「鳴ったらとにかく駆けつけなければならない」という意味で、労働集約型の介護事業者が抱える課題は、あまり大きく改善しませんでした。

しかし最近の見守り機器は、映像を使って居室全体を見て危険行動を検知するシステムがつ

いた見守り機器が増えてきました。この見守り系介護ロボットの進化によって、現場のスタッフは、利用者のケアコール押下時や離床通知時に、スマホやタブレットから訪室せずに居室の状況を確認できるようになりました。

さらに、最先端の見守り系介護ロボットは、居室内での転倒を検知することができ、エビデンス（証拠）となる映像データも残すことができるようになっています。また、ベッド、壁、天井に設置したセンサーにより、利用者の睡眠や活動量まで記録・可視化し、利用者ごとにレポートを出力することまでできるようになっています。加えて、スタッフが見守りシステム本体やスマホの使用履歴も記録することもできるため、データを用いて業務改善にも活用できるほどまで進化しています。

実際、最先端の見守り系介護ロボットを導入している施設では、「現場の介護スタッフ」「施設長や管理者」「家族」の3者の立場から、次のような評価の声を聞いています。

①現場の介護スタッフ…「夜勤中の心理的・身体的な負担も大幅に軽減した」「カンファレンスにおいて、転倒時の映像データを活用することで、要因特定や対策立案がやりやすくなった」「利用者の活動・睡眠パターンを把握することで利用者ごとの個別ケアを行いやすくなった」等

②施設長や管理者…「スタッフの離職減につながるとともに、ICT導入施設であることを外部発信することで若年層の新規採用にも好影響が出た」「カンファレンスにおいても事故の映像を活用することで、スタッフ間の情報共有の質やスキルが向上した」等

③利用者の家族…「プライバシーの侵害の懸念があったが、それ以上に安全が担保できていると感じられた」等

このように、最先端の見守り系介護ロボットは、様々な立場の人にメリットを与えます。ただし、メーカーの立場からいうと、最先端の見守り系介護ロボットは、導入しただけですぐに現場が使いこなせるわけではないので、メーカーの人の伴走支援を活用して、正しい使い方を職員全員でしっかり習得することが重要です。

■ 見守り系介護ロボットの近未来の姿

急速に進化している見守り系介護ロボットは、向こう2－3年以内に、次の4つの機能が実装される見通しです。

①ハザードマップ表示・通知機能
最先端の機器では、利用者ごとの転倒リスクのあるエリアをあらかじめスタッフに示したり、居室内の危険個所に利用者が近づいた場合はスタッフへ通知を出すことができるようになる予定です。その結果、スタッフは、これまで以上に効果の高い転倒予防対策が立てられるようになる見通しです。

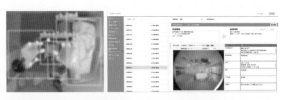

②アセスメント機能
最先端の機器では、利用者の身体機能・認知機能のアセスメントができるようになる予定です。その結果、施設ケアマネや管理者は、解析データを使ったケアプランのアセスメント項目の自動更新や LIFE データの自動更新ができるようになる見通しです。

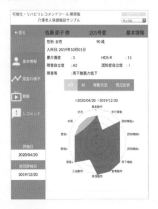

③BPSD予測機能
最先端の機器では、過去BPSDが発生した状況を利用者ごとにデータ解析し、BPSD発生につながった原因を示唆できるようになる予定です。その結果、施設のスタッフは、BPSDの原因を取り除いたり、抑制につながるケアを実践しやすくなる見通しです。

④シフト表＆24時間シート作成機能
最先端の機器では、スタッフの行動から介護記録の一部を自動入力できるようになり、またスタッフの導線データ取得＆解析ができるようになる予定です。その結果、施設のスタッフは、シフト表や利用者の24時間シートが簡単に作成できるようになる見通しです。

以上のように、見守り系介護ロボットは近い将来だけでも、かなり大きく進化する予定です。
さらに、ゆくゆくは、見守り系介護ロボットが介護現場のデータ利活用に基づく個別ケア実践を牽引し、重度化抑制やさらなるスタッフの負担軽減、人員配置の適正化にも寄与していくことになると思います。

科学的介護の実践理論

1 科学的介護の実践

CHAPTER3では「科学的介護とは何か」について学びました。ここでは、CHAPTER3で学んだ内容を基に、科学的介護を自分の事業所で実践する方法について事例から学んでいきます。

ただし、これから学ぶ内容については1つ注意点があります。それは、科学的介護の実践はまだ国を挙げて取り組んでいる最中であり、多様な解釈と方法論が様々なところで議論されているという点です。これから紹介する方法や事例は、本稿を執筆している時点において、採用することができる多くの例のうちの1つであることを踏まえておきましょう。

もちろん、科学的介護を実践するうえでは、どの事例においても普遍性を持つ要素、つまり覚えておかなくてはならない基礎知識があるのも事実です。

今後、科学的介護の在り方が変化を遂げても活用できる、汎用性のある情報をこのテキストでは記載しています。現場の介護に携わる方もそうでない方も、是非、自分が介護事業所で科学的介護を実践するならどのように行うか考えながら学んでみてください。

目的の確認

科学的介護の実践を事業所で実践するためには、今一度、その目的を押さえておきましょう。CHAPTER3の内容の一部復習となりますが、科学的介護を実践するということは、介護オペレーションにおいて、PDCAサイクルを定量的なデータに基づいて回していくということでした。

では、PDCAサイクルを回す目的を思い出してみましょう。

それは、利用者の介護アウトカムを向上させることと、介護職員の介護サービスの質を上げることでした。

介護によって、利用者の心身状態や社会性を維持または向上させることが望ましいのはもちろんのこと、専門職といわれながらその専門性が漠然としていた介護職員の仕事に、エビデンスに基づいた業務実施プロセスを導入することで、その専門性を見出すきっかけとなることが期待されています。

科学的介護の実践はそれそのものが目的ではなく、利用者の介護アウトカムを向上させることと、介護職員の介護サービスの質を高めるための手段であることは覚えておきましょう。

2 実践方法

介護アウトカムの評価

　科学的介護の目的が確認できたところで、具体的な実践方法についてみていきます。

　LIFEの構想が実現されると、介護オペレーションの改善に必要なフィードバックが介護事業所に提供されます。しかし、本稿を執筆している時点においてはフィードバック機能は暫定版のため、科学的介護を実践するためには、事業所ごとに独自で実施していく必要があります。

　CHAPTER3で学んだ通り、PDCAサイクルにおいて定量的なデータが活用されるのはCheck（評価）とAction（改善）の主に2か所でした。

　LIFEの評価項目を使用して実践するかは事業所の判断によって異なりますが、PDCAサイクルにおける評価を介護職員が定量的に行い、それをデータとして記録する。そして、定量化された評価に対して、その数値を向上させるためにはどうしたらよいのか、組織内で議論しながら、その結果となる改善策を実践する。こうしてPDCAサイクルを繰り返し回すことで、科学的介護は実践されるという流れでした。

　本項ではこれを個別の事業所で行う方法を紹介します。

　社会福祉法人善光会では、LIFEが開発される以前から、入居者の介護アウトカムを独自の項目で評価し、評価結果を議論することで、科学的介護の目的を達成することを目指してきました。この善光会独自の評価スケールは通称MCI（Motivative Care Index/ モチベーティブ・ケア・インデックス）と呼ばれており、以下の図のような構成で作成されています。

図：MCI（Motivative Care Index）シート

カテゴリ	動作区分	評価	MCI	BI・VI評価	BI	VI (10)
食事	主菜・副菜	常食	4		20	
		きざみ	3		15	
		ソフト	2		8	
		ミキサー	1		0	
		経管	0		10	
	主食	米飯/パン	3		10	
		軟飯	2		5	
		全粥	1		0	
		パン粥	1		10	
		ミキサー粥	1		10	
		経管	0		5	
	とろみ	なし	3		0	
		0.5杯	2		5	
		1杯	2		4	
		1.5杯	1		3	
		2杯	1		2	
		2.5杯	0		1	
		3杯	0		0	

カテゴリ	動作区分	評価	MCI	BI・VI評価	BI	VI (10)
食事	食事動作	皿を変えられるし皿をもてるし口に運べる	10	自立、自助具などの装着可、標準的時間内に食べ終える	5	
		皿を変えられるし皿をもてるが口に運べない	5	部分介助（たとえば、おかずを切って細かくしてもらう）	4	
		皿をもてるが、皿を変えられず口に運べない	4	部分介助（たとえば、おかずを切って細かくしてもらう）	1	
		皿をもてないが口に運べる	3	部分介助（たとえば、おかずを切って細かくしてもらう）	0	
		皿をもてないし、口にも運べない	0	全介助	0	
	咀嚼と嚥下	噛んで飲み込める	5		0	
		噛めないが飲み込める	2		0	
		噛めるが飲み込めない	1		0	
		噛めないし飲めない	0		0	
	ムセの有無	全然	5		0	
		時々	4		0	
		よく	2		0	
		大抵	1		0	
		いつも	0		0	
	食事意欲	自分から進んで食べようとする	20	自分から進んで食べようとする		20
		促されると食べる	10	促されると食べる		10
		食事に関心がない、食べようとしない	0	食事に関心がない、全く食べようとしない		0
排泄	排泄形態	トイレ	20	失禁なし、浣腸、坐薬、収尿器の取り扱いも可能	20	
		Pトイレ	15	ときに失禁あり、浣腸、坐薬、収尿器の取り扱いに介助を要する者も含む	15	
		トイレ（夜はベッド上）	8	ときに失禁あり、浣腸、坐薬、収尿器の取り扱いに介助を要する者も含む	15	
		ベッド上	0	上記以外	0	
	尿意	あり	10	いつも自ら尿意を伝える、あるいは自分で排尿を伝える	10	
		あり（訴えることができない）	10	いつも自ら尿意を伝える、あるいは自分で排尿を伝える	10	
		あいまい	5	時々、尿意を伝える	5	
		なし	0	排泄に全く関心がない	0	
	便意	あり	10	いつも自ら便意を伝える、あるいは自分で排便を伝える	10	
		あり（訴えることができない）	10	いつも自ら便意を伝える、あるいは自分で排便を伝える	10	
		あいまい	5	時々、便意を伝える	5	
		なし	0	排泄に全く関心がない	0	
	排泄時動作	介助なし	5	自立（衣服の操作、後始末を含む、ポータブル便器などを使用している場合はその洗浄も含む）	5	
		見守り	4	部分介助、体を支える、衣服、後始末に介助を要する	2.5	
		更衣・パット着脱介助のみ	3	部分介助、体を支える、衣服、後始末に介助を要する	2.5	
		臀部支えると立位動作可能	2	部分介助、体を支える、衣服、後始末に介助を要する	2.5	
		臥床時の臀部上げは可能	1	全介助または不可能	0	
		不可	0	全介助または不可能	0	
	トイレでの座位	一人で座っていられる	5	自立（衣服の操作、後始末を含む、ポータブル便器などを使用している場合はその洗浄も含む）	5	
		見守り	4	自立（衣服の操作、後始末を含む、ポータブル便器などを使用している場合はその洗浄も含む）	5	
		支えがあれば可能	1	部分介助、体を支える、衣服、後始末に介助を要する	2.5	
		まったくできない	0	全介助または不可能	0	
入浴	入浴形態	個浴	20			
		個浴（バスリフト）	15			
		リフト浴	10			
		機械浴	5			
		清拭	0			

カテゴリ	動作区分	評価	MCI	BI・VI評価	BI	VI (10)
入浴	洗身動作	洗身可能	5	自立	5	
		洗身可能だが、要一部介助	0	部分介助または不可能	0	
		簡単な洗身は可能だがほぼ介助が必要	0	部分介助または不可能	0	
		全介助	0	部分介助または不可能	0	
	出浴意思	伝えられる	5			
		伝えられるが、あいまい	2			
		伝えられない	0			
	入浴意欲	あり	20			
		気分にムラあり	10			
		なし	0			
移動	移動方法	独歩	15	45M以上の歩行、補装具(車いす、歩行器は除く)の使用の有無は問わず	15	
		杖	15	45M以上の歩行、補装具(車いす、歩行器は除く)の使用の有無は問わず	15	
		歩行器	10	45M以上の介助歩行、歩行器の使用を含む	10	
		手引き	10	45M以上の介助歩行、歩行器の使用を含む	10	
	車いす	車いすで自走	5	歩行不能の場合、車いすにて45M以上の操作可能	5	
		自力移動不可	0	上記以外	0	
		使用なし(独歩・歩行器等)	20			
		自走式	15			
		介助式	10			
		リクライニング式	5			
		寝たきり	0			
	転倒リスク	なし	5			
		目視確認が必要	2			
		付き添いが必要	0			
	階段昇降	自分で上がれる	10	自立、手すりなどの使用の有無は問わない	10	
		一部介助、見守りが必要	5	介助または監視を要する	5	
		不可	0	不能	0	
移乗	体位変換	可能	5			
		少し可能	2			
		不可能	0			
	起上り動作	可能	10			
		柵を持ちながら自身で可能	8			
		柵を持ちながら職員が支えると可能	3			
		全介助	0			
	端座位保持	可能	10			
		柵を持ちながらであれば可能	7			
		柵を持ちながら職員が支えると可能	2			
		全介助	0			
	移乗動作	可能	15	自立、ブレーキ、フットレストの操作も含む(非行自立も含む)	15	
		車いす、ベッド間移動が可能	12		15	
		車いす、ベッド間移動に見守りが必要	10	軽度の部分介助または監視を要する	10	
		職員が支えながら足に力が入る(軽)	8		10	
		職員が支えながら足に力が入る(重)	5	座ることは可能であるがほぼ全介助	5	
		全介助	0	全介助または不可能	0	
生活習慣・活動意欲	目覚め	いつも定時に目が覚めている	20	いつも定時に起床している		20
		声をかけないと目覚めないときがある	10	起こさないと起床しないことがある		10
		自分から目覚めることはない	0	自分から起床することはない		0
	活動意欲	リハ、レクに積極的に参加する	20	自らリハに向かう、リクレーションに積極的に参加することを求める		20
		促されてリハ、レクに向かう	10	促されて向かう		10
		リハ、レクに拒否、無関心	0	拒否、無関心		0

カテゴリ	動作区分	評価	MCI	BI・VI評価	BI	VI (10)
コミュニケーション	視力	支障なし	3			
		片方どちらかが可	3			
		眼鏡があれば可	3			
		見えない	0			
	聴力	支障なし	2			
		耳元で話せば可	2			
		大声で可	2			
		左右どちらかが可	2	不能		
		補聴器があれば可	2	不能		
		聞こえない	0	不能		
	理解力	できる	5			
		簡単な内容ならできる	3			
		時折できる	1			
		できない	0			
	意思伝達	自分から挨拶する、話しかける	20	自分から挨拶する、話し掛ける		20
		挨拶、呼びかけに反応が見られる	10	挨拶、呼びかけに対して返答や笑顔が見られる		10
		反応がない	0	反応がない		0
更衣	上衣の更衣	すべてできる	4	自立、靴、ファスナー、装具の着脱を含む	4	
		渡せばできる	3	部分介助、標準的な時間内、半分以上は自分で行える	2	
		麻痺側のみ介助	2	部分介助、標準的な時間内、半分以上は自分で行える	2	
		頭のみ通せる	1	部分介助、標準的な時間内、半分以上は自分で行える	2	
		全介助	0	上記以外	0	
	下衣の更衣	すべてできる	4	自立、靴、ファスナー、装具の着脱を含む	4	
		渡せばできる	3	部分介助、標準的な時間内、半分以上は自分で行える	2	
		上げ下げならできる	2	部分介助、標準的な時間内、半分以上は自分で行える	2	
		足だけ通せる	1	部分介助、標準的な時間内、半分以上は自分で行える	2	
		全介助	0	上記以外	0	
	靴下の着脱	履ける	2	自立、靴、ファスナー、装具の着脱を含む	2	
		履けない	0	上記以外	0	
整容	口腔ケア	自身でできる	3	自立(洗面、整髪、歯磨き、ひげ剃り)	3	
		自身でできるが仕上げは介助	0	部分介助または不可能	0	
		促せばできる	0	部分介助または不可能	0	
		促せばできるが仕上げは介助	0	部分介助または不可能	0	
		全て介助	0	部分介助または不可能	0	
	洗顔動作	自身でできる	1	自立(洗面、整髪、歯磨き、ひげ剃り)	1	
		自身でできるが仕上げは介助	0	部分介助または不可能	0	
		促せばできる	0	部分介助または不可能	0	
		促せばできるが仕上げは介助	0	部分介助または不可能	0	
		全て介助	0	部分介助または不可能	0	

MCIの評価項目は、BI（Barthel Index/バーサル・インデックス）やVI（Vitality Index/バイタリティ・インデックス）等、国際的なヘルスデータの評価スケールを採用して設計しています。LIFEもMCIと同様に、BI・VIを採用しています。MCIはLIFE導入以前に作成されたため、完全一致はしていないものの、多くの項目において類似点があります。

MCIは全部で10個の大項目から成り立っており、各大項目はそこからさらに小項目に分けられ、小項目ごとに利用者の評価が行われます。

先述したとおり、この指標は、BIやVIといった各評価指標を統合したうえで、評価項目の点数の重みを変更したり、それらには評価のない項目を加えたりしています。

また、評価の方法についても、既存の評価指標よりも評価を細かく分類するなど、評価の基準を変更しています。図ではMCIとBI/VIの評価基準を並べて記載しているので、どのように異なるか比較することができます。

あくまでも一例とはなりますが、このようにして評価の項目と基準を体系化することで、介護者は利用者の介護アウトカムがいかに変容しているかを定期的に把握し、その改善および改善に向けた話し合いをすることができます。

ちなみに、このような取り組みをまだ実践していない事業所に関しては、ここで取り上げているMCIを模した独自の指標を用いるのも1つの手段ですし、改めて評価指標を作成することが難しい場合は、LIFEの評価項目をそのまま用いることも有効な手段と考えられます。

どのような指標をどのような基準で評価するのか、事業所の運営方針に沿ったやり方を個々に模索してみましょう。

介護アウトカムの改善

ここからは、介護アウトカムの評価後の改善方法、つまりPDCAサイクルにおける「Action（改善）」について学びます。先ほどの例の続きとなりますが、MCIを用いた場合、どのように評価項目の数値を維持または改善するか、みていきましょう。

評価をする際、通常は介護現場に従事する一般介護職員や介護リーダー、管理者などが対象者を観察してその結果を記入します。しかし、その際には評価結果をMCIの項目と評価基準を用いて漠然と記録するだけではなく、それらが維持または改善されるためにはどのような改善策が良いかを決めていかなくてはなりません。

社会福祉法人善光会では、この改善策を練る手立てとして、同じく独自で作成している、MCI記録シートを活用しています。MCI記録シートでは、まずケアプランの目標項目や現在の状態評価から、評価項目における、その人にとって適切な目標を「6か月後」と「1年後」に分け、それらの目標を達成するための、介護指針を書き記します。

この目標と指針については、ケアカンファレンスの場で現場職員間の共有された情報に基づき、評価日前に決めておくのがよいでしょう。

現実的なことをいえば、高齢者はADL等が改善する場合よりも、むしろ加齢の影響で緩やかに低下する場合のほうが多く発生します。したがって、必ずしも改善させる目標ではなく、利用者の意思や尊厳を尊重しながら現状維持を含めた適切な目標を設定しましょう。

MCIの評価項目における目標とそのための介護指針をそれぞれ決定した後は、指針に沿った介護を行った結果として、評価値を記入していきます。

この評価を実施する際には押さえておくべきポイントがあります。それは、評価を「できること」ではなく「していること」に着目して実施することです。

図：MCI記録シート

介護の現場では、自立支援の観点から、生活の身の回りのことについて、自分でできることは自力で実施してもらうことが基本になります。評価時点でできるか否かを測るのではなく、日常的にしているか否かを判断することで、介護の目的に即した評価が可能になります。

　評価を終えたら、評価を行った担当者が、評価時点の結果を鑑みながら、6か月後の目標として掲げた内容に向けて実施するべきケアの内容を箇条書きで記入します。また、ケアの内容に関して補足事項がある場合などは備考欄に記入します。

　ちなみにMCI記録シートには、評価を書きこむと、その評価にふさわしい「6か月後の目標に向けたケア内容」の選択肢が出てくるので、その選択肢にチェックをつければよい仕様になっています。同じような仕組みで評価と改善策を行いたい場合は、そのような仕組みをエクセルのシートなどに埋め込んでおくのも、有効な手段の1つといえるでしょう。

　以上の工程を経て、MCI記録シートの記入を終えたら、あとは先に言及したケアカンファレンスの場で、記入結果をメンバーに共有し、内容に対する考え方に齟齬がないかを確認します。確認後は記載された内容の通り、6か月後の目標に向けたケアと備考を意識して、次の評価日までケアを実施するのみです。

　もちろん、この内容がすべてではなく、利用者の様子は刻一刻と変化していきます。場合に応じて内容の変更が伴う可能性もあるので、メンバー間でコミュニケーションをとりながら、柔軟に対応しましょう。

3 実践課題

ここまではLIFEの機能に依拠せずに、個々に科学的介護を実践する方法として、MCIとMCIシートを用いた事例を紹介しました。

しかし、これらを用いても厳密には介護を科学しているとはいえません。なぜなら、個別の事業所における科学的介護の実践には、主に以下の2点の課題が挙げられるためです。

①評価した値の意味を相対的に解釈できない

個々の事業所で利用者の評価を実施すると、項目値の移り変わりは把握することができる一方で、その項目の値が改善されるべき値なのか、それとも介護による改善はあまり望めず、現状維持を目指すべき値なのか解釈ができません。

②評価に対する改善策にエビデンスがない

評価を実施した後は、利用者の目標に沿ってあるべき評価値の達成を目指して改善策を実施します。しかしながら、ここで提案される改善策は介護職員の経験値に基づいているとはいえ、定量的な根拠がありません。したがって、その改善策に妥当性を見出そうとしても、証明することは困難です。

上記の2つの課題はLIFEの構想するフィードバック機能によって、ある程度解決されるようになっています。

CHAPTER3で説明したように、①に関しては、評価項目の値を同じ属性を持つ対象者(または対象事業所)同士で比較することで、評価値の意味を相対的に解釈し、値がどのような数値であるべきか、一定程度の示唆が与えられる仕組みとなっています。例えば、平均介護度が同程度の事業所と利用者のADL維持率を比較することで、自事業所で実施するリハビリテーションの成果を測ることができます。

ただし、これは比較する対象者における属性をどこで線引きするかによって結果が変わる可能性があります。つまり、属性に介護度だけではなく、自立度や既往歴も考慮した場合には、容易に相対的な比較ができないことに注意が必要です。

②に関しては、同じ属性を持つ比較対象者(または比較対象事業所)との評価値の値差を他の評価値の値差を根拠にして説明する仕組みが提示されています。これには例えば、栄養摂取量の増大による、リハビリテーションの効果の改善などが挙げられます。

ただし、この場合においても、評価値の値差を他の評価値の値差で説明することの根拠まで求められると、本当にそれが正しいか否かは判断ができません。言い換えると、評価値の値と他の評価値の間に因果関係があることが証明されない限り、厳密な意味において妥当性のある解決策は提示できないということです。

このように、介護を科学するということは厳密性を担保しようと試みることで、いかようにも批判することが可能になり、実現が困難であることがうかがえます。一方で、こうした理由で科学的介護を荒唐無稽で不可能なものと考えることは正しくないでしょう。繰り返しになりますが、科学的介護の実践が、利用者と介護職員に大きなメリットをもたらすことが期待されています。LIFEのフィードバック機能についても、本稿を執筆している時点では暫定版であり、システムの詳細は今後より明確化されていくでしょう。近い将来においては、機能の実装によって、科学的介護がより発展し、元来の目的に近づいていくはずです。科学的介護の実践にはまだ数多くの課題があることを踏まえたうえで、よりよいあり方の議論を深めていくことが重要です。

4 今後の展望

最後に、先で取り上げた課題点を意識したうえで、科学的介護を実践していくための最新の取り組みについて、再び社会福祉法人善光会の事例を挙げて紹介します。

以下の図は、科学的介護における課題点を踏まえて、新たに回すPDCAサイクルの在り方を模式的に示しています。

図：PDCAサイクル

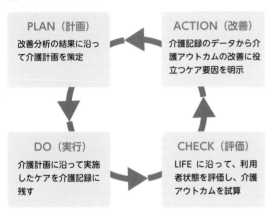

この新たなPDCAサイクルの最大の特徴は、PDCAサイクルの運用にあたり、介護記録の活用を試みている点です。

LIFEの構想では他の評価値の値によって、評価値の値を維持・向上させることを試みていますが、介護職員が実際に行ったケアのデータは介護記録に入力されています。

介護アウトカムとはその名の通り、介護を実施した結果を示すものです。したがって、介護記録のデータをアウトカムの原因、評価値をアウトカムの結果とすることで、因果関係をより明確にしながら、改善に向けた分析を行うことを目指しています。

CHAPTER2で紹介したように善光会では介護記録ソフト（SCOP home）を独自で開発・運用しており、これはLIFEの入力にも対応しています。

分析の際には、SCOPに蓄積された自事業所の介護データを用いて、利用者（または事業所）同士を統計処理に基づき比較可能な状態にします。

そして、それらのグループに影響を与えているケア因子を、先とは異なる統計処理に基づいて特定することで、次の介護計画に役立つ情報をアウトプットすることを試みています。

次ページの図は、記載した内容を具体的に示した例になります。左の表は各事業所の年齢や介護度を考慮したうえで、評価項目のひとつである移乗評価の値を補正して事業所間で比較した結果です。一方、右の表は過去のデータや先行研究から移乗評価の値と因果関係の認められたケア因子と介護記録からカウントされたケア因子の値を示しています。

この場合、両表から導かれる分析結果として、A事業所は他の事業所と比較した際の移乗評価の値に思わしい成果が得られておらず、その原因の1つとして、日々の介助時の笑顔の割合が少ないことが挙げられることになります。

以上のように、ケア記録を用いたうえで統計処理を施し、PDCAサイクルにおける評価と改善を行うと、計画を策定する際も、具体的に現在行っている業務のどの部分を意識的に改善していけばよいのかが、より明確になり、介護計画を練りやすくなるでしょう。

また、具体的な介護計画ができることで、実施した内容を電子介護記録に落とす際、目指す値のうち、どこまで実施できているのかを途中経過として把握することも可能になります。

もちろん、このような取り組みをいきなり個々の事業所が行うのは容易ではありませんし、このような取り組みにもまた、科学的な見地から課題があることも確かです。

　あくまでも科学的介護の実施における今後の展望の1つとして、このような取り組みがあることを知ったうえで、「自分の事業所であればどうするか」といったことを考えていくのがよいでしょう。

　高齢化社会は日本に限らず世界中で生じている現象です。日本のあらゆる事業所で科学的介護が実践され、ノウハウが蓄積されると、高齢化社会への適応策を日本は世界に向けて発信できることでしょう。したがって、少々話は飛躍しますが、本当の意味で介護は専門的なものとなり、介護を「Kaigo」として他国に伝えていける可能性もあるかもしれません。

図：移乗評価の例

評価	移乗評価が下がった人数の割合における事業所間の比較		
	A事業所	B事業所	C事業所
観測割合	9.7%	10.8%	7.8%
補正観測割合	11.5%	7.9%	6.4%
順位変化	2→3位	3→2位	1→1位

A事業所の観測割合の値は交絡因子で調整すると、ケアの質次第で、もっと小さい値でおさめられた可能性がある。

改善	移乗評価に関連するケア因子の値と全体平均値の比較	
	A事業所	全体平均
活動頻度	7回	8回
外出頻度	8回	8回
介助時の笑顔	30%	75%

今後、A事業所は特に介助時の利用者の満足度（笑顔）を上げることで、入居者の移乗評価を改善できる可能性がある。

介護におけるICTと今後の展望

株式会社ビーブリッド 代表取締役
竹下 康平

介護現場でのICT導入が本格化し、利活用のあり方も多様になっています。長年、介護現場でのICT活用に取り組み、介護事業所向けのコンサルティングやヘルプデスクサービスを展開している株式会社ビーブリッドの竹下代表に、介護におけるICTと今後の展望をお聞きしました。

■ 介護現場におけるICTの発展

SE・システムコンサルタントとしての経験を活かし、2007年頃より介護現場におけるICT活用を推進する取り組みを始めました。当時は、iPhoneが登場し始めた頃ですが、介護事業所において、一般的にはICTといえば請求システムしかなく、他の業務で活用するという動きはほとんどありませんでした。

その後、2010年代初頭より、徐々に介護記録システムを導入し、利用者記録をシステムで管理し始める事業所も増え始めました。さらに2010年代半ばになると見守りや睡眠のセンサーなどが登場し、先進的な取り組みを進める介護事業所が実験的に導入するようになりました。

■ 対象範囲の拡大と複雑化

このようなテクノロジーの拡大は、通信やサーバーなどのインフラの進化と連動しているともいえます。ADSLから光回線、そして無線でのWi-Fiへと環境が変わり、センサーやクラウドシステムの利用も可能となりました。私は2010年に株式会社ビーブリッドを立ち上げ、介護現場の皆様が安心してICTに関する相談ができるヘルプデスクサービスを開始しましたが、立ち上げ当初はPCのトラブルや請求情報の伝送に関する対応が主でした。現在はタブレットやスマートフォン、Wi-Fi環境、見守りセンサー、さらには介護現場のDX推進など、相談内容は幅広いものとなりました。時代の流れによって介護のテクノロジーの範囲は拡大し、複雑化していると体感しています。

■ これからの時代に向けて

高齢者が増加し介護の担い手不足の深刻化が予測されるなか、ICTの導入による業務効率化が求められています。高度かつ複雑化するICTを使いこなすことが求められ、介護事業者は大変な時代になっているともいえます。船乗りに例えるのであれば、昔は手漕ぎボートを漕ぐだけでよかったのが、今は大型船や、潜水船など、用いる船を用途に分けて選定し、高度な技術を用いて使いこなす航海士としての能力が求められているのです。こうした時代において、困難でも前向きにとらえ、ICTを使おうとする介護事業所と、あきらめて使わない事業所は、人材採用や定着面でも大きく差が開くでしょう。介護職員の働きやすさは提供する介護サービスの質にも差がつきます。サービスの質の良し悪しにより経営が困難になっていくかもしれません。この問題は介護業界全体でクリアせねばならない課題ですが、私もICT活用支援を行う立場として、皆様とともに頑張っていきたいと思います。

おわりに

　介護保険法が施行され、そこから21年が経過しました。介護保険制度や介護サービスは進化を続けています。地域のニーズに合わせてサービス類型は多様化し、保険財政を支えるための制度改正も累次にわたって実施されてきました。

　介護制度は、制度とプレーヤーの関係性が非常に近しいのが、その特徴と考えます。政府・厚生労働省だけでなく、介護サービスの担い手になる人々が、それぞれの創意工夫によりサービス受給者や地域のために動かれています。そうした活動が制度に幾重にも反映され、介護制度が現在の姿形をしているのです。

　私たちは介護保険財政や社会保障の持続可能性という大きな社会課題と直面しています。今、介護サービスを必要とする方々と、将来介護を必要とするすべての人に最善の支援を提供するためには、介護サービスの質と効率性の両立の追求が必要です。

　スマート介護士とは、そうした現在、未来の介護サービス利用者のために、最善を尽くすことを目指す存在であると考えています。

　全国様々な地域でスマート介護士の皆様が挑戦する取り組みが、目の前のサービス利用者の生活を向上させ、そしてその活動がまた介護制度に組み込まれていく。そんな正の循環を生み出していくのが、私たちの願いです。

　試行錯誤しつつ、ともに新しい介護の形を創造していきましょう。

　スマート介護士の資格試験が始まってから約3年が経過し、3,800人を超える方に本資格試験にお申し込みをいただきました。これだけの方々に受験いただけたことを大変嬉しく思っておりますし、同時に介護現場を変えていく気持ちを持っている方がこれだけいることを心強く感じています。

　私たちが所属しているサンタフェ総合研究所では、スマート介護士資格の運営以外にも介護施設における業務改善の支援、介護機器メーカーへの製品開発の支援、介護業務の効率化を進めるためのソフト（SCOP）の開発など、多岐にわたる業務を担っています。こうした業務を行う日々で感じるのは、介護という仕事が本当に奥深く、たくさんの知恵・知見が必要であるということです。

　技術も進化していき、制度も変わっていくので、「良い」とされる手法も変化します。だからこそ、スマート介護士の資格を取得した方々には、「どうすればより良い介護が実現できるのか」を我々と一緒に議論していただきたいと考えております。そのために、合格者の方限定でオンラインのスキルアップ研修等も開催しています。過去の参加者からは「現場での機器活用の理解が深まった」といったメッセージもいただいていますし、今後も当研究所メンバーが様々な企画を準備していますので、スマート介護士資格に合格された方は是非参加をご検討ください。

　皆様と一緒に、この資格をより良いものにし、介護現場のお役にたてることを強く願っています。

社会福祉法人善光会　サンタフェ総合研究所　副所長
前川 遼

社会福祉法人善光会　サンタフェ総合研究所　副所長
森本 暁彦

参考文献・サイト一覧

文献

『介護ロボット重点分野別 講師養成テキスト』 厚生労働省

『福祉用具・介護ロボットの開発と普及』 厚生労働省

『福祉用具・介護ロボット開発の手引き』 厚生労働省

『福祉用具・介護ロボット実用化支援事業 事業報告書』 厚生労働省

『ロボット介護推進プロジェクト導入事例報告』 公益財団法人テクノエイド協会

『ロボット産業の「いま」と「これから」』 情報機構

『ロボット技術でおふくろ介護に希望を託す』 介護ロボット経営実践会

『介護ロボット導入・活用の成功マニュアル』 介護ロボット経営実践会

『新しい福祉機器と介護サービス革命 導入の視点と活用のポイント』
　公益財団法人テクノエイド協会 編集、理事長大橋謙策・監修、日本医療企画・出版

『いちばんわかりやすい! 介護福祉士合格テキスト』19年版 成美堂出版

『介護の未来をどうするか? ~ニッポン破綻を生き抜く介護論』 上阪徹著、実業之日本社 出版

サイト

介護ロボットとは 厚生労働省

公的介護保険制度の現状と今後の役割 厚生労働省

介護ロボットの開発・普及の促進 厚生労働省

介護ロボットの開発・実証・普及のプラットフォーム
（事務局：エヌ・ティ・ティ・データ経営研究所） 厚生労働省

介護分野における生産性向上について 厚生労働省

厚生労働分野における個人情報の適切な取扱いのためのガイドライン等 厚生労働省

介護現場におけるICTの利用促進 厚生労働省

科学的介護情報システムについて 厚生労働省

IT導入補助金（令和4年度版） 経済産業省

世界保健機関憲章 外務省

Society 5.0 新たな価値の事例（医療・介護） 内閣府

介護ロボットポータルサイト 国立研究開発法人日本医療研究開発機構

ロボット介護機器開発・導入促進事業 国立研究開発法人日本医療研究開発機構

ロボット介護機器開発標準化事業 ロボット介護機器開発・標準化事業 国立研究開発法人日本医療研究開発機構

令和4年度「医療機器等における先進的研究開発・開発体制強靭化事業（基盤技術開発プロジェクト）」に係る
公募について 国立研究開発法人日本医療研究開発機構

福祉用具・介護ロボット実用化支援等一式 公益財団法人テクノエイド協会

介護保険制度の仕組み 独立行政法人福祉医療機構

テックスープ テックスープ・ジャパン

情報システム管理委員会セキュリティ対策 東京歯科大学

企業のセキュリティを脅かす「シャドー IT」とは？ 大塚商会

医療の質を評価する~ ドナペディアンモデルの意味と事例 レジリエントメディカル

ビジネス+IT SBクリエイティブ株式会社

介護ロボット、高齢化社会の「切り札」となるか ロイター通信

LIFEへの外部データ取込（CSV取込）エラーコードと対処方法　介護健康福祉のお役立ち通信

認知症介護.com

各都道府県庁サイト

資料

日本の介護保険制度について（2016）　厚生労働省

未来投資戦略2018-「Society5.0」「データ駆動型社会」への変革-　厚生労働省

介護ロボットの開発・普及の促進　厚生労働省

介護ロボットの導入・活用支援策のご紹介 ~介護関係者の皆様向けリーフレット〜　厚生労働省

介護ロボット関連施策の概要一介護現場の革新を目指してー　厚生労働省

令和2年度「高齢者虐待の防止、高齢者の養護者に対する支援等に関する法律」に基づく
対応状況等に関する調査結果　厚生労働省

夜勤職員配置加算の要件の見直し（2018）　厚生労働省

令和3年度介護報酬改定における改定事項について
（第199回社会保障審議会介護給付費分科会参考資料1）　厚生労働省

医療情報システムの安全管理に関するガイドライン第5.2版　厚生労働省

ケアの質の向上に向けた科学的介護情報システム（LIFE）利活用の手引き　厚生労働省

科学的介護情報システム（LIFE）操作説明書　厚生労働省

介護サービス事業における生産性向上に資するガイドライン
より良い職場・サービスのために今日からできること（業務改善の手引き）　厚生労働省

介護現場における生産性向上の取組を支援・促進する手引き　厚生労働省

介護サービス事業における生産性向上に資するガイドライン 居宅サービス分（令和4年度改訂版）　厚生労働省

WHO－FIC（WHO国際分類ファミリー）とICF（国際生活機能分類）
（第1回社会保障審議会統計分科会　生活機能分類専門委員会 参考資料　国立長寿医療センター 研究所
生活機能賦活研究部 大川弥生）　厚生労働省

我が国のロボット介護機器に関する施策について　経済産業省

H30年度ロボット介護機器開発・標準化事業に向けて　経済産業省

将来の介護需要に即した介護サービス提供に関する研究会　経済産業省

福祉サービス提供主体経営改革に関する提言委員会　最終提言（2013）　東京都

ロボット介護機器開発・標準化事業　国立研究開発法人日本医療研究開発機構

経済産業省・厚生労働省「ロボット技術の介護利用における重点分野」　国立研究開発法人日本医療研究開発機構

2021年度介護報酬改定に関するアンケート調査　独立行政法人福祉医療機構

平成30年度版高齢社会白書　内閣府

2040年を見据えた社会保障の将来見通し（平成30年第6回経済財政諮問会議 資料4-1）　内閣府

平成28年度厚生労働省老人保健健康増進等事業報告書
高齢者虐待の要因分析及び調査結果の継続的な活用・還元方法の確立に関する調査研究事業（2016）
　社会福祉法人東北福祉会　認知症介護研究・研修仙台センター

令和2年度 介護労働実態調査結果について　公益財団法人介護労働安定センター

経済犯罪実態調査2018　日本分析版　PwC Japanグループ

協力
社会福祉法人善光会

執筆者一覧

| 代表執筆者

| 宮本　隆史

| 社会福祉法人 善光会　理事　最高執行責任者
| 統括施設局長　特別養護老人ホーム フロース東糀谷 施設長

社会福祉法人善光会入社後、現場の介護職やマネジメント業務に従事。その後、グループホームや新規特別養護老人ホームの立ち上げを経て、現職である理事に就任。2009年より介護ロボットの導入に関わり、2013年に法人内で「介護ロボット研究室」を設置。2017年には施設運営や介護ロボット等の知見を提供するため「サンタフェ総合研究所」を設立。2021年にスマート介護プラットフォーム「SCOP」の開発にて、第5回日本医療研究開発大賞AMED理事長賞を受賞。関係省庁や関連団体の委員や、各方面でのセミナー・講演など幅広い活動を行っている。

| 執筆者

| 社会福祉法人　善光会 (五十音順)

池谷 隆弘	今西 美和子	生木 鉄也	遠藤 丈文
遠藤 友基	佐藤 拡史	柴田 紘	髙瀬 裕里
谷口 尚洋	滑川 永	平田 慎弥	前川 遼
森本 暁彦	山川 孝典	山中 裕太	吉村 亜矢子

さくいん

▎**【監修】サンタフェ総合研究所**

　平成29年10月に社会福祉法人善光会内に設立。平成25年に「介護業務負荷の軽減」、「介護サービスのアウトカムの創出」を目指した『介護ロボット研究室』が前身で、メーカー企業や関係省庁、団体、大学等の研究機関と連携しながら介護ロボットの自社開発・共同開発・実証研究に取り組んできた。高齢化や技術発展等の経営環境が著しく変化する状況下、前述のような様々な先進的な取り組みを行ってきた知見を集約して、福祉業界の関係者に効果的に活用してもらうため、各関係者へ向けた経営支援を実施している。

執筆者：宮本隆史、池谷隆弘、今西美和子、生木鉄也、遠藤丈文、遠藤友基、
　　　　佐藤拡史、柴田紘、髙瀬裕里、谷口尚洋、滑川永、平田慎弥、前川遼、
　　　　森本暁彦、山川孝典、山中裕太、吉村亜矢子
編集協力・制作：株式会社エディポック
装丁・本文デザイン：鈴木章 / 小松 礼（skam）

三訂版　スマート介護士資格　公式テキスト

2022 年 12 月 10 日　初版第 1 刷発行

　監　修　　サンタフェ総合研究所
　発行者　　岩野裕一
　発行所　　株式会社実業之日本社
　　　　　　〒107-0062　東京都港区南青山 5-4-30　emergence aoyama complex 3F
　　　　　　電話　（編集）03-6809-0452
　　　　　　　　　（販売）03-6809-0495
　　　　　　https://www.j-n.co.jp/
　印刷・製本　大日本印刷株式会社